五代·和凝 和㠓同撰

疑獄集

中国书店

臣紀昀覆勘

欽定四庫全書　子部三

疑獄集　法家類

補疑獄集　法家類

提要

臣等謹案疑獄集四卷晉宰相和凝與其子中允㠓撰前有㠓序及至正十六年杜震序陳振孫書錄解題稱疑獄三卷上一卷為凝書中下二卷為㠓所續今本四卷與振孫所

記不符考嵘序自稱勒成四軸上二卷先相國編纂下二卷小子嵘附續則本為四卷振孫所記誤也補疑獄集六卷明張景所撰共一百二十八條所記皆平反寃濫抉摘姦慝之事俾司憲者觸類旁通以資啟發雖人情萬變不可限以成法而推尋故迹舉一反三師其意而通之于治獄亦不無裨益也書中間有按語稱訥曰者不著其姓又有稱桂氏

取以載入者不詳其名考宋端平中桂萬榮撫疑父子所載事迹益以鄭克之折獄龜鑑編爲棠陰比事一書明景泰中吴訥又刪補之則所謂訥者乃吴訥所謂桂氏者即萬榮景乃剽撥其文不著所出又復刊削不盡是亦不去葛龔之類矣凝事迹具五代史景號西墅汝陽人嘉靖癸未進士此書乃其官監察御史時作也乾隆四十九年十月恭校上

總纂官臣紀昀臣陸錫熊臣孫士毅

總校官臣陸費墀

疑獄集序

獄者天下之大命死者不可復生斷者不可復續王制曰凡聽五刑之訟意論輕重之序慎測淺深之量以別之悉其聰明致其忠愛以盡之疑獄汜與衆共之古之君子其詳慎用刑而不敢忽也如此大抵鞫獄之吏不患其處事之不當每患其用心之不公不患其用心之不公每患其立見之不明苟其仁足以守明足以燭剛足以斷獄無餘憾矣亂離之際乃能以疑獄存心集為

之編其子和嶸又能成父之志終其書以詒後世固未易得治獄者苟能家得是書則疑貳難明之獄盡在目中矣友人譙君祥鋟木以廣其傳屬僕為之引僕嘉其用心因書其說以寄　愚齋杜震序

疑獄集序

易曰先王以明罰敕法君子以折獄致刑書曰欽哉欽哉惟刑之恤哉兩造具備師聽五辭是知古之聖賢慎茲獄訟念一成而不變審五聽以求情悉其聰明致其忠愛俾無枉濫以名和平在上者既能盡心居下者得以措手其來尚矣可略言焉先相國魯公嘗採自古以來有爭訟難究精察得情者著疑獄集二卷留於篋笥小子㠓得遺編而諷讀認先訓之丁寧蓋將以用悟後

人流傳永世足使愚夫增智聽訟而不敢因循酷吏歛威決獄而皆思平允助國家之政理為卿士之指南仁人之言其利甚博況當聖世詎可平沉㠓伏自天闕策名宦塗結綬三任親民於劇邑二年作吏於秋曹每窮鬬訟之源益慕精詳之理因敢討尋載籍附續家編期滿百條勒成四軸上二卷先相國編纂下二卷小子㠓附續父作子述誠有愧於下才刑清獄平冀少裨於大化和㠓序

欽定四庫全書

疑獄集卷一

晉　和凝　撰

御史佯失狀

唐高祖以李靖為岐州刺史或有一人希望聖旨告靖謀反者高祖命一御史往案之謂曰李靖反狀實便可處分御史知其誣罔請以告事者偕行行數驛御史佯失告狀驚懼異常鞭撻刑典乃祈告事者曰李靖反狀

分明親奉進旨今失告狀幸救命告事者乃疏狀與御史驗其狀與原狀不同即日還京以聞高祖高祖大驚御史具以狀奏請得不坐罪告事者伏誅

李崇察悲嗟

後漢李崇為揚州刺史縣民勾泰者有子三歲失之後見在趙奉伯家各言已子並有鄰證郡縣不能斷崇乃令二父與兒各別禁數日忽遣獄吏謂曰兒已暴卒可出奔喪泰聞之悲不自勝奉伯嗟歎而已殊無痛意遂

以兒還秦奉伯伏罪

王璥案伏聽

唐貞觀中左丞李行廉弟李行詮子中與父妾亂遂與之潛藏追詰極急長安縣獲之縣司王璥引就房推問不伏璥先令一人於案褥下伏聽令一人走報云長史喚璥鎖門去中與妾相謂曰必不得承及私密之語而璥至開門案下之人遂起白璥各大驚而伏罪

蔣常覘嫗語

唐貞觀中衛州板橋店主張迯妻歸寧有衛州三衛楊正等三人投店宿五更早發夜有人取三衛刀殺迯其刀却内鞘中正等不知覺也至明店人趁正等拔刀血甚狼藉囚禁正等拷訊苦痛遂自誣上疑之差御史蔣覆推至則總追店近人十五以上集爲人數不足且放散唯留一老嫗年八十以上日晚放出令典獄密覘之曰嫗出當有人共語者即記姓名勿令漏洩果有一人共語即記之明日復爾其人又問嫗云使人作何推

勘如是三日並是此人常總集男女三百餘人就中喚與老嫗語者出餘並放散問之具伏云與遯妻姦殺遯有實奏之勅賜常絲二百疋遷御史

符融察善走

冀州有一老母日暮遇刼盜喝行人為母逐之擒盜盜反誣行人符融曰二人當並走先出奉陽門者非盜既還融正色謂後至者曰汝的盜也盜伏罪其發姦摘伏如此蓋融性明察能懸料其事以為盜若善走則初不

被行人所獲以此則知善走者是捕逐人也

張舉辨燒猪

張舉吳人也為句章令有妻殺夫因放火燒舍乃詐稱火燒夫死夫家疑之詣官訴妻妻拒而不承舉乃取猪二口一殺之一活之乃積薪燒之察殺者口中無灰活者口中有灰因驗夫口中果無灰以此鞫之妻乃伏罪

季珪智鞭絲

宋傅季珪為山陰令有賣糖賣針老母爭絲一團訴之

季珪季珪令掛絲於柱鞭之有少鐵屑焉乃罰賣糖者

破嗉辨雞食

有爭雞者季珪問早何食一云粟一云荳殺雞破嗉有荳焉遂罰言粟者

薛宣追聽縑

前漢時有一人持一縑入市遇雨以縑自覆後一人至求庇廕因授與縑一頭雨霽當别因爭云是我縑太守薛宣命吏各斷一半使人追聽之一曰君之恩縑主乃

稱冤不已宣知其狀拷問乃伏

孫亮辨鼠糞

吳廢帝孫亮字子明曾暑月游西苑方食生梅使黃門以銀瓶并蓋就中藏吏取蜜黃門素怨藏吏乃以鼠屎投蜜中啓言藏吏不謹亮即呼吏吏持蜜瓶入亮問曰既蓋之復覆之無緣有此黃門非有求於爾乎吏叩頭曰彼嘗從臣覓官席不與亮曰必為此也易知耳乃令破鼠屎燥亮笑曰若鼠屎先入蜜中當內外俱濕今內

燥者乃枉之耳於是黃門伏罪

王泚市鹿脯

北齊彭王泚為滄州刺史有一人從幽州來驢馱鹿脯至滄州界以足疾行遲偶遇一人為伴遂盜驢及脯去明旦告州泚乃命左右及府寮令散市鹿脯不限其價其主見識之推獲盜者遷定州刺史

認皮獲賊

又有人被盜黑牛上有白毛長史韋道健謂從事魏道

勝曰使君在滄州日擒姦如神若獲此賊實如神矣溦乃詐為上府市皮倍酬其直使牛主認之因獲其盜

書菜認賊

有老姥姓王獨種菜三畝數被盜責溦乃令人密往書菜葉為字明日市中認之獲盜

黄霸察姒情

前漢時頴川有富室兄弟同居弟婦懷妊其長姒亦懷妊胎傷匿之弟婦生男奪取以為己子論争三年郡守

黃霸使人抱兒於庭中乃使娣姒競取之既而俱至姒持之甚猛弟婦恐有所傷而情甚悽愴霸乃叱長姒曰汝貪家財欲得兒寧慮頓有所傷乎此事審矣姒伏罪

惠仕拷羊皮

後漢李惠仕為雍州刺史有負薪負鹽者爭一羊皮各言其籍背之物惠仕謂州吏曰此羊皮可拷知主羣下默然惠仕令置羊皮席上以杖擊之見少許鹽屑使爭者視之負薪者乃伏其罪

莊遵聞哭姦

莊遵為揚州刺史巡行部内忽聞哭聲懼而不哀駐車問之荅曰夫遭火燒死遵疑焉因令吏守之有蠅集於屍首吏乃披髻視之得鐵釘焉即按之乃伏其罪

謙之詐獲賊

後魏髙謙之字道讓為河陰令先是有人囊盛瓦礫作金以詐市人馬因而逃走詔令人捕之謙之乃枷一囚立於馬市宣言詐市馬賊欲刑之密遣人察市中私議

者有一人忻然曰無復憂矣遂執送案問悉獲其黨

行岌逼訪妾

唐則天朝或誣告駙馬崔宣謀反者勑侍御史張行岌按之其告者先誘藏宣家妾乃誣云宣有妾將發其謀宣殺之投死屍於洛水行岌案略無其狀則天怒令重案行岌奏如初則天曰崔宣反狀分明寛縱之邪我令俊臣案勘汝當勿自悔行岌曰臣推事不若俊臣陛下委臣必須實狀若順旨妄陷平人豈法官所守臣以為

陛下試臣耳則天厲色曰崔宣若實有妾反狀自然明矣不獲妾如何自雪復案不成則令俊臣推勘汝勿悔也行岌懼乃逼宣家訪妾宣再從弟思兢乃於中橋南北多致錢帛募匿妾者數日略無所聞而宣家每竊議事則獄中告者輒知之思兢揣宣家見有同議者乃詐謂宣妻曰須絹三百疋僱俠客殺告者語了遂侵晨微服伺於臺側其宣家有館客姓舒婺州人言行無缺為宣所信任同於子弟思兢須臾見館客至臺賂門人以

通告者遽稱云崔家僱客刺我請以聞臺中驚擾思兢素重館客館客不知其疑也思兢密隨館客至天津橋乃罵曰若陷崔宣必引汝同謀何路自雪汝幸出崔家妾我遺汝五百緡歸鄉足成百年之計不然殺汝必矣館客悔謝乃引思兢於告者之黨搜獲其妾宣乃得免告者伏罪

楚金辨補字

唐垂拱年則天監國羅織事起湖州左史江琛取刺史

裴光制書割取字合成文理詐為徐敬業反書以告及差使推光疑云書是光書語非光語前後三使盡不能決奉敕令差能推事人劾之當見實狀曰張楚金可令劾之又不移前款楚金憂悶仰臥向牕透日影見之其字皆補葺作之平平看則不覺向日則見之因集州縣官吏索一杯水令琛取書投於水中字一一解散琛叩頭伏罪奉敕令決一百然後斬之賜楚金絹一百疋

子雲斷㹀牛

唐衛州新鄉縣令裴子雲有奇策部人王恭戍邊留牸牛六頭於舅李璡養五年産犢三十頭例直十千已上恭還乃索牛舅曰牸牛二頭已死還四頭老牸餘並非汝牛所生恭忿之訴於子雲子雲令送恭獄禁令收追盜牛賊李璡惶怖至縣子雲叱之曰賊引汝同盜牛三十頭藏汝庄内喚汝共對乃以布衫蒙恭頭立南墻下璡急吐款云牛三十頭總是我外甥牸牛所生實非盜得子雲遣去恭布衫璡驚曰此是外甥也子雲曰若是

即當還牛更欲何語璡默然子雲曰五年養牛辛苦與牛五頭餘並還恭一縣伏其明察

松壽潛伺盜

唐張松壽任長安縣令時昆明池側有劫賊奉勑下十日内須獲如違限令甚峻松壽至行刼處檢蹤見一老姥樹下賣食往以從騎䭾來入縣供酒食經五日還送舊坐處令一心腹人潛伺之有人共老姥語即捉來果有一人來問明府若為推勘即捉以布衫蒙頭送縣一

問具與贓並獲時人以為神

李傑覘婦姦

唐李傑為河南尹有寡婦告其子不孝其子不能自理但云得罪於母死所甘分傑察其狀非不孝傑謂寡婦曰汝寡居十年惟有一子今告之罪至死得無悔乎寡婦曰無賴不孝於母寧復惜之傑曰審如此可買棺來取兒屍因使人覘其後寡婦既出謂一道士曰事了矣俄將棺至傑冀其悔再三喻之婦堅執如初時道士立

於門外密令擒之一問承伏曰某與寡婦有私嘗為兒所制欲除之乃杖殺道士及寡婦却以棺盛之

孫登比彈

吳志孫權長子登字高立為太子嘗出有彈丸飛過令左右求之見一人操彈佩丸咸以為是辭對不伏從者請捶之登不聽使求飛過彈丸比之不類遂釋之

疑獄集卷一

欽定四庫全書

疑獄集卷二

晉　和凝　撰

邴吉辨子影

邴吉字少卿漢宣帝時陳留有一老人年八十餘家富而無子秖有一女已適人其妻卒翁又娶一妻復生一子後翁死其妻育其子數年前妻女欲奪財物乃誣後母所生非父之子郡縣不能斷聞於臺省吉爲廷尉乃

曰吾聞老人之子不耐寒日中無影時八月中取小兒同歲均衣單衣諸小兒不寒惟老人之子變色又與諸小兒立於日中惟老人之子無影遂財物歸於後母之男前女受誑母之罪

黄霸戮三男

黄霸魏人也字次翁漢宣帝時為丞相燕代之間有三男共娶一女因生二子及欲分居各争其子遂訟於臺省求斷之霸曰非同人類當以禽獸處之遂戮其三男

以子還母

高柔察動色

魏護軍營士竇禮出不還營以爲沒身其妻盈氏及男女詣廷尉高柔曰夫不與人錢財乎妻曰嘗出錢與焦子文因追察焦子文色動應對失節於是叩頭首殺禮之罪

魏淵比書謗

魏國淵字子尼爲魏郡太守正直無私有投書誹謗者

太祖甚疾之欲知其主淵請留其書本而不宣露其書多引二京賦淵乃勑功曹曰此郡少學問者令就師求能書者與受業因令作牋比方其書有似謗書者收問因伏其罪

胡質察色

魏志胡質字文德為常山太守東莞盧顯為人所殺求賊未得曰此人無讐而有少妻所以死耳乃悉集比居少年有李若見質而色動遂窮詰其情若乃首殺顯之

罪

承天情斷

宋何承天為行軍參軍時鄢陵縣吏孫滿射鳥誤中直師雖不傷處棄市承天議曰獄貴情斷疑則從輕昔有驚漢文帝乘輿馬者張釋之以犯蹕罪罰金何者明其無心於驚馬也故不以乘輿之重加以異制今滿意在射鳥非有心於中人也按律過誤傷人三歲刑況不傷乎

子華不後訊

魏志司馬芝字子華為大理正有盜官練者置廁中吏疑女工收付獄芝曰夫刑罰之失失在苛暴今先得贜物後訊其辭若不勝掠以致誣伏則坐致冤濫太祖奇之遷甘州太守

仲堪止大妄

晉商仲堪為荆州有桂陽人王欽生一旦妄言親殁詐服縗麻言迎父喪府曹依律棄市仲堪曰原此旨當以

二親生存而橫言死歿情事悖逆所不忍言固當棄市

今欽生父實終歿此徒有大妄之過遂活之

陳表求情

吳志有盜官物者數人惟收施明桎梏甚酷俟死無辭

廷尉以疑聞權以陳表能得士卒之心詔以明付表使

求情實表乃去其桎梏沐浴更其衣服厚設酒食歡心

以誘之明乃首服具列支黨權奇之欲全表名遂釋明

過戮其黨明感表變行致位為將軍

魏袒留書

唐中書舍人郭正一破平㨗得一高麗婢名玉素極姝艷令專知財物庫正一夜須漿水粥非玉素煑之不可玉素乃毒之良久覓婢不得并失金銀器四十餘事錄奏勑令萬年求賊鼎沸三日不獲主師魏袒有策略請喚舍人家奴選少年端正三人布衫蒙頭及縛衛士四人問十日内已來何人覔舍人家奴衛士云有投化高麗留書遣付舍人捉馬奴書見在檢之云金城坊中有

一空宅遂搜之至一宅封鎖甚密打鎖開之婢及投化高麗並在其中拷問乃是投化高麗共捉馬奴藏之奉勑斬於東市

從事對屍

近代有人因行商回見其妻為姦盜所殺支體具存但不見首既悲且懼遂告於妻族妻族遽執壻入官獄吏嚴其鞭捶莫得自明不任其苦乃自誣殺妻案狀既成皆以為不謬郡主委諸從事從事疑而不斷謂使君曰

某濫塵幕席誠宜竭節人命一死不可復生苟或誣舉典刑其能追悔乎必請緩而窮之且為夫之情孰忍殺其妻縱有隙而害之必作脫禍之計或推病殞或託暴亡必不存屍而棄首其理甚明使君許其讞議從事乃別開其第權作狴牢慎擇司存移比繫者細而劾之仍給以酒食湯沐鍵户棘垣不使洩於外便令仵作行人各供近來瘞與人家安厝墳墓去處文狀既而一一面詰之曰汝等與人家舉事還有可疑者否有一人曰某

於一豪家舉事只言殂却婖子五更初墻頭舁過凶器
其間極輕有似無物見瘞在某坊遽遣發之果獲一女
子首遂將首對屍令蘗者驗認云非妻也遂收豪家鞫
之乃是殺一婖子函首葬之以屍易此良家之婦私室
畜之斷豪士棄市出玉堂閒話

表相探情偽

唐李汧公鎮鳳翔有屬邑編典因耨田得馬蹄金一瓮
漢書武帝詔云往者東岳見金又有白麟神馬之瑞宜

以黄金鑄麟趾馬蹄以叶瑞應蓋鑄金象馬蹄之狀其後民間效之里民送於縣署訟牒將置府庭宰邑者慮公藏主守不嚴因使置於私室信宿與官吏重開視之則皆為土塊矣㝵金出土之際鄉社悉來觀驗遽有變更靡不驚駭以狀聞於府主議者驗云姦議換之矣遂遣掾就案其事里社咸共證焉宰邑者為衆所擠莫能自明既而逼辱滋甚遂以易金服罪雖辭款具存未窮隱用之所復令拘繫僕隸協以刑辟或云藏於糞壤或

云投於水中紛紛枉橈結成其獄以案牘上聞汧公覽之愈怒俄而因有筵宴停杯語及斯事列坐賓客咸共驚異時袁相國滋亦在幕中俯首略無所答汧公目之數四曰宰邑者非判官親懿乎袁相國曰與之無素汧公曰聞彼之罪何不樂之甚袁曰某疑此事有枉更當詳之汧公曰換金之狀極明若慮有枉更當有所見非判官莫探情偽袁曰諾俾移獄府中乃令閱甕間得土二百五十餘塊詰其初獲者則本質在焉遂於列肆索

金鎔鑄與塊形狀相等既成始稱其半已及三百斤詢其負擔人力二農夫以巨竹舁至縣境計其大數非二人竹擔可舉明其即在路之時金已化爲土矣於是羣情大豁宰邑者遂獲清雪汧公歎服無已出劇談録

周紓屍語

後漢周紓字文通爲郃陵侯相廷掾憚紓嚴明欲損其威乃晨取死人斷手足立於寺門紓聞便往至死人邊若與死人共語笑狀陰察視其口眼中乃有稻芒密問

守門者曰誰載藁入城對曰惟有廷掾耳又問鈴下曰外有疑吾與死人共語者否對曰廷掾疑君乃收廷掾拷問具服云不是殺人但取道邊死人也自後莫敢犯之

閻濟沉鈎

唐閻濟美之鎮江南有舟人傭載商賈人貨時有賈客所載甚繁碎其間有銀一十鋌密隱之於貨中舟人潛窺之伺其下岸乃盜之沉於船泊之所船夜發至於鎮

所黠閲餘貨乃失其銀遂執舟者以見公公曰客載之家盜物皆然也問曰客昨者宿何所曰此百里浦汊中公令武士與船夫同往索之公密謂武士曰必是船人盜之沉於江中矣爾可令檝師沉鉤之其物必在若獲之必受吾重賞乃依公命鉤而引之銀在篋中封署猶全而獻於公公劾之舟者立承伏法

何武斷遺劒

前漢時沛郡有富家翁貲二十餘萬有男纔三歲失其

母又無親屬有一女不賢翁病困思恐争其財兒必不全因喚族人為遺書令悉以財屬女但遺一劒云兒年十五以此付之其後又不肯與兒兒乃詣郡自言其劒時太守司空何武得其辭因録女及壻省其手書顧謂掾吏曰女性强梁壻復貪鄙畏賊害其兒又計小兒正得此財不能全獲故且俾與女内實寄之耳夫劒者亦所以決斷限年十五者智力足以自居度此女壻必不復還其劒當明州縣或能明證得以伸理此凡庸何能

用慮宏遠如是哉悉奪取財物以與兒曰敝女惡壻温飽十歲亦已幸矣於是論者乃服出風俗通

孔公察枉盜

後唐同光年故滄帥孔相循以邦計二職權莅夷門軍府事長垣縣有四盜巨有財産及敗所牽挽四人則貧民耳時都虞侯姓韓者則樞密郭崇韜之僚壻也與權吏暨獄典等同議鍛成其款都不訊鞫但以四貧民代四巨盜款成而上孔公斷令棄市將赴市又親慮之則

又卒無一言命令就法將過蕭屏因屢回首向廳顧之

公察之疑情未究即復名問曰爾數次回顧得非枉耳

令吏卒緩詢之稍得其情對曰實枉適何不言曰適引

問之時獄吏高其枷尾遂不得言也請去左右因而細

述公曰得非虛否對曰某則已死之人豈徒延瞬息之

生邪即令移於州獄俾郡主簿鞫之自韓已下凡受賂

近數十人計贓約七千緡則并校而推之具款而吐韓

即使人馳告于崇韜移書於公公不諾即具伏法四人

獲雪用畫像以答孔公之德

陸雲密隨姦

吴陸雲字士龍為浚儀令有人被殺而不獲賊者雲録其妻無所問遣出密令吏隨之日有一男子共語便縛來果得之云妻謀殺之

子産聞哭懼

鄭子産聞婦人哭使人執而問之果手刃夫者也御者問曰何以知之子産曰夫人之於所親也有病則憂臨

死則懼既死則哀今其夫已死哭不哀而懼是以知有

姦也出獨異志

杜亞察誣毒

唐杜亞字次公鎮維揚日有倚郭之巨富者邸店童僕

埒於王侯之家父亡未朞有繼親在奉之不以道母憤

恚不勝後梢解因元日上壽於母母賜於子子受之欲

飲疑酒有毒覆地地墳乃訽其母曰以酖殺人上天何

祐母撫膺曰天乎天乎明鑒在上何當厚誣雖死不伏

職者擒之至公府公問曰爾上母壽酒何來曰長婦執爵而致也又問曰母賜觴何來亦曰長婦之執爵也又問曰長婦何人也曰則此子之妻也公曰爾婦執爵毒因婦起豈可誣其母乎乃令廳側劾之乃知夫妻同謀欲害其母置之於法

裴均察盜犬

唐裴均鎮襄陽日里俗妻有外情乃託病云醫者所傳是骨蒸之疾須獺胔犬肉食之必差謂其夫曰今日之病

在君必愈可以致一犬為妾斃之得而食之死亦無恨夫曰吾家無犬何所得之妻曰東鄰有犬每來盜物君可繫而屠之夫曰諾乃依妻言斃之獻於妻妻食之餘乃留之於篋笥夫出命鄰告之遂聞於公公云盜犬而殺國有常刑鞫之立承具述妻之所欲也公曰斯乃妻有他姦躓夫於法耳公劾之具得妻之情與外人誣夫之罪將圖之公乃處妻及外情者俱付法其夫釋之

元膺知喪詐

唐呂元膺之鎮岳陽因出遊賞乃登高阜瞰原野忽見有喪轝者駐之於道左男子五人皆縗服隨之公曰遠葬則休近葬則省此姦黨為詐也乃令左右搜索之棺木皆兵刃擒之公詰其情衆曰某盜賊也欲謀過江掠貨是以假喪轝使渡者不疑公令劾之更有同黨數十輩已於彼岸期集亦擒之俱付於法

韋皐劾司店

唐韋皐之鎮劒南日鄉俗之弊逆旅大賈有貸殖萬餘

者因病而酖之既卒所有財貨十隱其七八因茲多致富盛公密知之有北客蘇延家屬大凾因商販於蜀川得病當夜而卒以報於公公使驗其簿已被店主易其文字纔遺一二公乃究尋經過密勘於里屬辭多異同遂劾其司店者立承隱欺數千餘貫與諸吏分張二十餘人悉命付法由是劒南無横死之客

韋丹察威權

唐韋丹字文明鎮江西日有倉吏主掌十餘年數盈五

十萬斛因復量負欠三十石公憫之曰斯吏也主掌十餘年計欠三十石必不自取而費也必為權要者所須乃假令搜索家私文案驗之及分用明歷具在因輸示諸吏曰爾等恃以威權取索於倉吏吏之鈌也豈獨賠塡又將代爾之罪今各據其所得限一月納足則捨爾罪羣吏頓首曰君侯以至明察下某等合當刑責儻捨重罪則賠塡不恨矣既足倉吏釋錮而歸

王涾名認靴

北齊太保任城王湝領并州刺史時有婦人臨汾水浣衣有乘馬行人換其靴而去其婦持靴詣州言之湝名居嫗以靴示之紿曰有乘馬於路被賊劫害遺此靴焉得非親屬乎一嫗撫膺哭且曰兒昨著靴向妻家也捕而獲之乃伏

疑獄集卷二

欽定四庫全書

疑獄集卷三

晉 和嶸 撰

莊遵壁聽姦

莊遵初為長安令後遷為揚州刺史性明察嘗有陽令女子與人殺其夫其叔覺乃來赴賊女子即以血塗叔因大呼曰柰何欲愛於我而殺其兄即便告官官司拷其叔太過因而自誣其罪遵察之乃謂吏曰叔為大逆

速置於法可放嫂歸密令人夜中察於嫂壁下聽之其夜姦者果來問曰刺史明察見叔寧疑之邪嫂曰不疑因相與大喜吏即擒之叔遂獲免

趙和籍舍産

唐咸通初有天水趙和者為江陰令以片言折獄著聲由是累宰劇邑皆以雪寃獲優考至以疑似晦偽之事悉能以情理之時有楚州淮陰二農比庄俱以豐歳貸殖焉其東鄰則拓腴田數百畝資鏹未滿以庄券質於

西鄰貸緡百萬契章顯驗且言來歳賫本以贖至期果以腴田獲利甚博備錢贖契先納百千緡第檢還契書期明日以殘資換券因隔宿且恃通家因不徵納緡之文籍明日賫餘鏹至遂為西鄰不認且以無保證又無簿籍終為所拒東鄰以冤訟於縣縣為追勘無以證明邑宰謂曰誠疑爾冤其如官中所賴契券無以證何術理之復訴於州州不能理東鄰不勝其憤乃越江而訴於趙宰趙宰謂曰縣政甚𤰞且復踰境何能理也東鄰

究泣曰至此不復得理無由自滌也和曰第止署内試為爾思之經宿名前曰計就矣爾果不妄否則曰焉敢厚誣和曰誠如是則當為寘法乃名捕賊之幹者數輩賫牒至淮陰曰有寇江者按劾已具言有同惡相濟者在某處居姓名形狀具以西鄰指之請捕送至此先是鄰州條法唯持刃截江無得藏匿追牒至彼果擒以還然自恃無迹未甚知懼至則跪於庭下和厲聲謂曰幸耕織自活何為寇江因泫然淚墮曰稼穡之夫未嘗舟

櫬和又曰辯證甚具姓氏無差或言偽而堅撾血膚取實因叩頭見血如不勝其冤者和又曰所盜率金寶錦綵非農家所宜蓄者汝宜籍舍之產以辨之因意稍開謂皆非所貯者且不虞東鄰之越訟也乃言稻若干斛庄人某人還者紬絹若干疋家機所出者錢若干貫東鄰贖契者銀器若干件匠某造成者趙宰大喜即再審其事謂曰非汝寇江者何諱東鄰贖契百千緡遂引詐鄰令其偶證於是慙懼失色祈死聽下趙令梏往其宅

檢付契書然後寘之法矣

行成叱盜驢

唐懷州河内縣董行成能察賊有一人從河陽長店盜行人驢一頭并囊袋天欲曉至懷州行成於街中見叱之曰彼賊住賊下驢即承伏人問何以知之行成曰此驢行急而汗非長行人也見人則引驢遠過怯也以此知之收下獄有頃驢主尋蹤而至皆如其言

張鷟括詐書

唐張鷟字文成爲河陽尉有人言呂元者詐作倉督馮忱書盜糶倉米忱不認書元乃堅執不能斷鷟取元告狀用紙貼兩頭唯留二字問是汝書即註云是不是即註云非元乃註曰非乃去貼即是元狀先決五十又貼詐爲馮忱書留二字以問之註曰是去貼乃詐書也元於是叩頭伏罪

放驢求莕鞍

又有一客驢韁斷并鞍失之三日尋不獲詣縣告鷟推

勘急賊乃夜放驢出而藏其鞍鞍可直五千文䳱曰此可知也遂不令秣飼去轡放之驢尋向餵處乃令搜索其家其鞍於草積下得之人服其智

曹攄詰行馬

晉曹攄字顏遠為洛陽令仁惠明斷百姓懷之天大雨雪宮門夜失行馬羣官檢察莫知所在攄夜使收門士衆咸謂不然攄曰宫掖禁嚴非外人敢盜必是門士以燎寒耳詰之果伏罪

崇龜集屠刀

唐劉崇龜鎮南海之歲有富商子少年而貌皙稍殊於負販之伍泊船於高岸次有高門中見一姬年二十餘艷態妖容殊不避人得以縱其目送少年乘便言曰某黄昏當詣宅矣亦無難色微笑而已既昏暝果啓扉伺之此子未及赴約有盜者徑入行竊見一房無燭即突入姬即趨而就之盜以為人擒已也以刀刺之遺刀而逃其家亦未知覺商家之子旋至纔入其户即踐其血

汰而仆地初謂其水以手捫之聞逗血之聲未已又捫之有人臥遂徑走出一夜解維比明已行百餘里其家跡其血至江岓遂狀訟於主者窮詰岸上居人云近日有某客船一隻夜來徑發官差人追及械於圓室掠拷備至具實吐之唯不招殺人其家以刀納於府主乃屠刀也府主乃下令曰某日大設會合境庖丁俱集於毬場以俟宰殺既集乃傳令曰今日已晚可翌日而至乃各留刀於厨而去府主乃命取入諸刀以殺人之刀換

下一口來日各令詣衙取刀諸人皆認本刀而去唯有一屠最在後不肯持刀去府主乃詰之對曰此非某刀又詰之此何人刀邪曰此某人之刀也乃問其所居處命擒則竄矣於是乃以他囚合處死者以代商人之子侵夜斃之於市竄者之家日日潛令人伺之既斃其假囚不兩夕果歸家即擒之具首殺人之咎遂置於法商人之子夜入人家杖背而已君子謂彭城公察獄明矣

無名識盜葬

唐天后時嘗賜太平公主鈿合寶物直百金千鎰公主納之藏中歲餘取之盡為盜所将矣公主言之天后天后大怒自名洛陽長吏謂曰三日不得盜罪長吏長吏懼謂兩縣主盜官曰兩日不獲盜當死尉謂吏卒游徼曰一日必獲盜不獲必死吏卒游徼懼計無所出途中遇湖州别駕蘇無名相與請至縣游徼謂尉曰得盜者來矣無名遽進堦曰吾湖州别駕也入計在兹尉怒吏卒曰何誣辱别駕無名笑曰君無怒吏卒亦有由也無

名歷官所在擒姦擿伏有名每有盜者至無名前無得過者此輩應先聞之故見請為解危耳尉喜請其方無名曰與君至府君可先入白之尉與長吏大悅降堦執其手曰今日遇公吾當復生矣指迷其由無名曰請君聞於天后長吏由是奏之天后名而謂曰卿得賊乎無名曰願委臣取賊無限日月且寛府縣官吏仍以兩縣吏卒盡以付臣臣為陛下取之亦不過數日矣天后許之無名戒吏卒曰十人五人為侶於東門伺之見有胡

人與黨十餘輩皆衣線絰相隨出赴北邙者可躡而報之吏卒伺之果得馳白無名問伺者曰胡何向伺者曰胡至一新塚設奠哭而不哀徹奠即巡行塚傍相視而笑無名喜曰得之矣因使吏卒盡執諸胡而發其塚剖棺視之皆寶物也奏之天后問無名曰汝用何策而得此賊邪對曰非有他計但識盜耳臣到都之日即此胡出葬之時臣見即知是盜但不知葬處今當拜掃計必出城尋其所之即知其墓賊既奠哭不哀明所葬非人

也相視而笑喜墓無所傷也向陛下迫促府縣此賊計急必取而逃之天后曰善賜金帛遷秩二等

慕容執假銀

漢慕容彦超善捕盜為鄆帥日有州息庫遣吏主之有人以白金二錠質錢十萬與之既去而驗之乃假銀也彦超知其事名主庫吏密令出榜虛稱被盜竊所質白銀等財物令備賞錢一萬名知情收捉元賊不數日間果有人來贖銀者執之伏罪人服其知

彦超立吐櫻

又有獻新櫻彦超令主者收之俄而為給役人盗食之主者白於彦超彦超呼給役人偽安慰之曰汝等豈敢盗吾所食之物蓋主者誣執耳勿懐憂懼可各賜以酒彦超潛令左右入黎蘆散既飲之立皆嘔吐則新櫻桃在焉於是伏罪

德裕泥模金

唐李德裕出鎮浙右有甘露寺主事僧訴交代得常住

什物被前主事僧隱没金若干兩引證前數輩皆還相交割文籍在焉衆辭皆指以新授代者隱而用之鞫成其獄伏罪昭然然未窮破用之所或以僧人不拘僧行而費之以無理可伸甘之死地一旦引慮之際公疑其未盡也以意揣之僧乃具實以聞曰居寺者樂於知事前後主之者積年以來空交分兩文書其實無金衆以某孤立不狎輩流欲乘此擠排之因流泣不勝其寃公憫之曰此固非難也俯仰之間曰吾得之矣乃立促召

兠子數乘命闞連僧入對事咸遣坐兠子門覩廳壁指揮不令相見命取黄泥各令模前後交付隱没金形狀以憑證據僧既不知形狀各模不同公怒令劾前數輩等一一伏罪其所排者遂獲清雪

張輅察佛語

石晉時魏州冠氏縣華林僧院有鐵佛可長丈餘中心且空一日或云鐵佛能語其徒衆稱賛聞於鄉縣士衆雲集施利填委或聞佛語以垂教誡縣鎮申府時高祖

鎮鄴莫測其事命牙將尚謙齋香供養設齋且驗其事復命言疑其妖偽有三傳張輅請與尚謙偕行詰其妖狀暗與縣鎮率人力圍其僧院盡遣院僧赴道場張輅潛開僧房見地穴引至佛座下回謂尚謙曰果犯法款矣乃令謙立於佛前輅却由穴入佛空身中厲聲具說僧過便呵擒治取其魁首數人上聞就彼戮之張輅奏授長河縣主簿以酬奬之

宗裔驗軏核

王蜀時其下將帥鮮不好貨有宗裔者分符仗節獨守
廉隅嘗典劍州民有致寇者燈下識認暴客迨曉告巡
捕吏掩而獲之所收贓惟絲鉤紬線贓主言是本物其
囚不禁拷捶遂伏其罪乃送州宗裔引慮縲囚訴絲鉤
紬線乃是家物與被盜主遞相辭說宗裔促命取囚家
繰車又各責紬線卷時心有何物一云杏核一云瓦子
因令相對開紬線見杏核與囚款同仍以絲鉤安於軖
上量軖大小亦是囚家本物即被劫主伏妄認之罪巡

捕吏伏拷決之辜指顧之間乃雪寃枉

仲榮射繼母

晉安仲榮之鎮常州日嘗有夫婦共訟其子不孝者仲榮面加詰責抽劒令自殺之其父曰不忍也其母詬詈仗劒逐之仲榮重問之乃繼母也因咄出自後射一箭而斃聞者莫不增快由此境内以為强明之政

孫寶稱饊餅

漢孫寶為京兆尹有賣饊散者令饊餅也於都市有一

村民相逢擊落鐶散者皆碎村民甘填五十枚賣者堅稱三百餘枚因致喧争巡者領赴大尹引問無以證明大尹令勘吏買鐶散一枚稱知分兩乃都稱碎者細折元數其賣主承伏虛誑之罪村民獲雪衆謂神明

韓滉聽哀懼

唐韓滉在潤州夜與從事晉公登萬歳樓宴方酣置杯不悦語左右曰汝聽婦人哭乎當近何所對曰在某橋某街詰旦命吏捕哭者乃婦喪夫也信宿獄不成吏懼

罪守於屍側忽有大蠅集其首因發髻驗之果婦私於鄰人醉其夫而釘殺之吏以為神因問晉公公曰吾察其哭聲疾而不悼若強而懼者吾聞鄭子產曰夫人於其親也有病則憂臨死則懼既死則哀今哭不哀而懼是以知姦也

希崇斷義嫡

晉張希崇鎮汾州日有民與郭氏為義子自孩提以至成人因戾不受訓遣之郭氏夫婦相次俱死有嫡子已

長時郭氏諸親與義子相約云是親子欲分其財助而訟之前後數政不能理遂成疑獄希崇覽其訴狀斷云父在已離母死不至雖假稱義子辜二十年撫養之恩儻曰親兒犯三千條悖逆之罪大為傷害名教安敢理認田園其生涯並付親子所訟人與朋黨者委法官以律定刑聞者服其明斷

蘇秦料刺客

蘇秦在齊大夫多與爭寵而使人刺之不死齊王求賊

不得蘇秦謂齊王曰臣死之後王車裂臣以徇於市曰蘇秦為燕作亂於齊如此則刺臣之人必得矣齊王如其言刺秦者果出齊王因誅之

憲之知牛主

南梁顧憲之為建康令有失牛者盜與主兩俱認之不能制乃令解牛任其所去牛知牛主所居盜者伏罪

疑獄集卷三

欽定四庫全書

疑獄集卷四

晉 和𡸁 撰

若水疑留獄

宋錢若水為同州推官有富民家小女奴逃亡不知所之奴父母訟於州命録事叅軍鞫之録事嘗貸錢於富民不獲乃劾富民父子數人共殺女奴棄屍水中遂失其屍或為元謀或從而加功罪皆應死富民不勝捶楚

因自誣伏具獄上州官審覆無反異皆以為得實若水獨疑之留其獄數日不決録事詣若水廳詈之曰若受富民錢欲出其死邪若水笑謝曰今數人當死豈可不熟觀其獄詞邪留之且旬日知州屢趣之不能得上下皆怪之若水一旦詣州屏人言曰若水所以留其獄者密使人訪求其女奴今得之矣知州驚曰安在若水密使人送女奴於知州乃垂簾引女奴父母問曰汝今見汝女識之乎對曰安有不識也因從簾中推出示之父

母泣曰是也乃引富民父子悉破械縱之其人號泣不忍去曰微君之賜其滅族矣知州曰推官之賜也非我也其人趣詣若水廳事若水閉門拒之曰知州自求得之我何與焉其人不得入繞垣而哭傾家資以飯僧為若水祈福知州以若水雪寃死者數人欲為之奏論其功若水固辭曰若水但求獄事正人不寃死耳論功非其本心也且朝廷若以此為若水功當置録事於何地邪知州歎服曰如此尤不可及也録事詣若水叩頭愧

謝若水曰獄情難知偶有過誤何謝也於是遠近翕然稱之未幾太宗聞之驟加進擢不半歲爲知制誥二年中爲樞密副使

敏中疑無贓

宋丞相向敏中字常之在西京時有僧暮過村民家求寄止主人不許僧求寢於門外車箱中許之夜中有盜入其家自墻上扶一婦人并囊衣而出僧適不寐見之自念不爲主人所納而强求宿今主人亡其婦及財明

日必執我詣縣矣因夜亡去不敢循故道走荒草中忽墮眢井則婦人已為人所殺先在其井中矣明日主人搜訪亡財及子婦屍得之井中執以詣縣掠治僧自誣云誘婦俱亡恐為人所得因殺之投井中暮夜不覺失足亦墜其中贓在井傍不知何人所取獄成言府府皆不以為疑敏中以贓不獲疑之引僧詰問數四僧但云某前生當負此人死無可言者敏中固問之僧乃實對敏中因密使吏訪其賊吏食於村店店嫗聞其自府中

來不知其吏也問之曰僧某者其獄何如吏紿之曰昨日已杖死於市矣嫗歎息曰今若獲賊何如吏曰府已誤決其獄矣雖獲賊亦不敢問嫗曰然則言之無傷矣婦人者乃此村某甲所殺也吏曰某人安在嫗指示其舍吏就舍掩捕獲之案問具狀并得其贓一府咸以為神

張詠勘賊僧

宋尚書張詠字復之時有僧行止不明有司執之以白

公公判其牒曰勘殺人賊既而案問果有一民與僧同行道中殺僧取其祠部戒牒三衣因自披剃為僧寮屬問公何以知之公曰吾見其額上猶有繫巾痕也

遺書婦翁智

又有富民病將死子方三歲乃命其壻主其資而與壻遺書曰他日分財即以十之三與子而七與壻子長立果以財為訟壻持其遺書詣府請如元約公閱之以酒酹地曰汝之婦翁智人也時以子幼故以此屬汝不然

子死汝手矣乃命以其財三與壻而七與子皆泣謝而去服公明斷

韓億出乳醫

宋參政韓億知洋州日有大校李甲以財豪於鄉里誣其兄之子為他姓賂里媪之貌類者使認之為己子又醉其嫂而嫁之盡奪其奩橐之物嫂姪訴於州及提轉甲賂獄吏嫂姪被笞掠反自誣伏受杖而去積十餘年洎公至又出訴公察其寃因取前後案牘視之皆未嘗

引乳醫為證一日盡名其黨立庭下出乳醫示之衆皆伏罪子母復歸如初

包拯察牛舌

樞密包孝肅公名拯字希仁知天長縣有訴盜割牛舌者公使歸屠其牛鬻之既而有告殺牛者公曰何為割某家牛舌而又告之盜者驚伏

司馬議謀殺

司馬文正公名光字君實登州有不成婚婦謀殺其夫

傷而不死者吏疑問即承知州許遵讞之有司當絞而詔貸之遵上議準律因犯殺傷而自首者得免所因之罪婦當減二等不當絞詔公與王安石議之安石是遵議公言謀殺猶故殺也皆一事若謀為所因與殺為二則與故殺可為二邪自宰相文彦博以下皆附公議然卒從安石言至今天下非之

范公疑姦毒

丞相范純仁知齊州時録事參軍宋儋年中毒暴卒公

得罪人置於法初宋君因會客罷是夜門下人遽以疾告公遣家人子弟視其喪事宋君小殮口鼻血出漫汙幎帛公疑其死不以理果為寵妾與小吏為姦付有司按治具伏因會客置毒鱉肉中公曰肉在第幾巡豈有中毒而能終席邪命再劾之宋君果不吃鱉肉為坐客所并及客散醉歸置毒酒盃中不殺之承置毒鱉肉者覬他日獄變為逃死之計也人以為公發姦擿伏如神明若非遇公則宋君之寃無以申於地下矣

杖骨知子孝

近代有一婦人夫死子幼棄於夫族而再嫁又生一子其婦死二子俱長前夫之子遂盜母之骨殖欲與父合葬後嫁之子致相争競訟於官其官即使從吏挈婦之骨殖置於庭下乃曰此婦有子夫死不能守義致令二子相争如此可杖一百欲撲之際後嫁子奔於庭下泣告曰不孝之子情願代之官曰此子真孝也遂斷與之

唐公問筐篚

大定唐公為冠氏縣令縣界有種瓜者一婦人因過瓜圃摘一枚與其子瓜主執之詣官其瓜主意謂一瓜不能致罪又自摘三十枚以誣告其婦令曰婦人盜瓜挈何筐籠瓜主曰並無令即叱瓜主抱子并使盡拾其瓜至十餘枚已不能抱也遂伏誣告之罪

伯通舐鋤刃

章廟時路伯通為原武縣令有以種瓜為業者一夕為人盡鋤其苗遂詣伯通陳告無明證即遣之翌日命於

種瓜鄰近村莊盡借所有之鋤託以他用令各書姓名潛舐鋤刃果有苦味者默遣吏捕獲遂伏其罪

公謹限擒賊

明昌閻景州一婦畜二姦夫隸卒馬全王二皆不使相知也婦欲歸寧與王二約曰城外某樹下相會馬全適聞之為恨先往婦至輒殺之婦父因事入城問女所在姑曰昨已往親家家也父愕然尋跡於某樹下得屍告之於官有司按其姑曰近日有與兒婦共語約者否姑

曰某坊王二寔約之遂收王二推勘不勝苦楚招之勘者復問婦所挈衣物所在王二漫指於某道傍某樹下埋之使人往索得之將至王二駭然曰如何果有吏人張公謹曰此虚招也權州能假三日限爲擒此賊從之公謹詢於勘院門者曰我昨勘事時曾有人在垣外否門者曰隷卒馬全在垣久之而後去復詢於城門吏曰昨晩曾有挈衣囊出城者否曰有馬全者瞷人静而後出也公謹曰此事審矣攝全至一問即承時人稱爲

神明

顯之勘詐契

趙顯之為閿鄉令時一農家累歲借粟於富者因别羸家給當年不用貸借富者貪利然之以為借於别主乃畧先保人同捏借粟文字以騙之不伏訟於官顯之曰此易見耳乃監保人富者各於一處以物色審之云般借粟時大車邪小車邪斗量邪斛打邪倉中邪窖中邪取狀相合人各不同遂伏騙賴之罪

疑獄集卷四

補疑獄集卷一

明　張景　撰

漢武明經

漢景帝時廷尉上囚防年繼母陳殺防年父防年因殺陳依律以殺母大逆論帝疑之武帝時年十二為太子在帝側遂問之對曰夫繼母如母明不及母緣父之故比之於母今繼母無狀手殺其父下手之日母恩絶矣

宜與殺人同不宜以大逆論

謹按大明律云凡繼母殺其父聽告不在干名犯義之限今觀漢史所云防年繼母宜與殺人同不宜以大逆論竊詳此實倫理之變若比殺常人則故殺者斬若比父母為人殺而子孫擅殺行兇人者杖六十其即殺死者勿論盛世倫理修明固無此事萬一遇此所司當體究的確比擬奏請

袁安別繫

袁安永平中守楚郡時楚王英謀逆辭連繫者數千人安到郡不入府先案獄理其無明驗者條上出之府丞掾吏皆爭以為阿附反虜法與同罪安曰如有不合太守自當不以相及也遂分別具奏明帝感悟即報許得出者四百餘家

楊牧詧巫

後魏李崇為揚州刺史有定州流人解思安背役亡歸其兄慶賓覬絕名貫乃認城外死屍詐稱是弟為蘇顯

甫李蓋所殺有女巫楊氏託鬼附說思安被害之苦李蓋等不勝其楚各自款服崇疑之乃遣二人僞從外來詣慶賔寄弟口信慶賔悵然失色崇乃攝而問之即自引伏數日間思安亦爲人縛至崇笞女巫一百遂釋蓋等

曹攄明婦

晉曹攄爲臨淄令日有寡婦養姑甚謹姑以其年少勸令改適婦守節不移姑愍之密自殺親黨乃誣其婦婦

不勝拷訊即自誣服摭初到疑其寃更加辯究具得實情時稱其明

戴争異罰

唐戴胄為大理少卿時長孫無忌被名不解佩刀入東上閤右僕射封德彞論監門校尉不覺察罪死無忌當贖胄曰校尉與無忌罪均臣子於君父不得稱誤御湯藥飲食舟船誤不如法皆死陛下録無忌功原之可也若罰無忌殺校尉不可謂刑帝曰法為天下公朕安得

阿親戚詔復議德彝因執胄駁之曰校尉緣無忌以致罪法當從輕若皆過誤不當獨死由是無忌與校尉皆免死

謹按大明律云若罪人自首告及遇赦原免或蒙特恩減罪收贖者亦准罪人原免減等贖罪法注云謂因人連累皆依罪人全免減等收贖今觀唐戴胄所諍長孫無忌事則我朝律文已備載之矣嗚呼至哉

至遠憶姓

唐李至遠典選疾令史受賕多所黜易吏亦斂手有王忠者被黜放而吏乃謬書士姓欲擬訖增成之至遠曰調者三萬人無士姓者此決王忠也吏叩頭伏罪

竇阻免喪

唐竇參初為奉元尉男子曹芬兄弟隸北軍醉暴其妹父救不止恚赴井死參當兄弟重辟衆請俟免喪參曰父由子死若以喪延是殺父不坐皆殺之

崔黯搜帑

唐崔黯鎮湖南有惡少不為鄉里所容乃自髡鉗依佛教假託焚修幻誘愚俗積財萬計公初到懼事露乃投牒請脫鉗歸俗公問曰爾教化三年所得幾何曰旋得旋用公曰費用造設幾何曰三千餘貫公曰給者既知納者不記決有隱欺乃搜其積蓄有妻子滿室遂劾其矯妄之罪以財物施之貧下

柳寃瘖奴

唐柳渾為江西察判時僧有夜飲火其廬者歸罪瘖奴軍候受財不詰獄具渾與其僚崔祐甫白奴冤於觀察使魏少游促訊其僧僧乃首伏

崔公仁恕

唐崔仁師貞觀初遷殿中侍御史時青州有男子謀逆有司捕支黨纍係填獄詔仁師按覆始至悉去囚械為具食飲以情訊之坐止魁惡十餘人它悉原縱大理少卿孫伏伽謂曰原雪者衆誰肯讓死就決而事變奈何

仁師曰治獄主仁恕豈有知枉不申為身謀哉吾以一介易十囚命固願也及勑使覆訊諸囚咸叩頭曰崔公仁恕無枉者舉無異辭由是知名

李嶠列枉

李嶠高宗時為給事中會來俊臣構狄仁傑李嗣真裴宣禮等獄將抵死敕嶠與大理少卿張德裕侍御史劉憲覆驗德裕等内知其寃不敢異嶠曰知其枉不申是謂見義不為者卒列其枉狀

唐臨不寃

唐臨高宗時按獄交州出寃繫三千人遷大理卿帝甞録囚臨占對無不盡帝喜曰國之要在用法刻則人殘寛則失有罪惟是折中以稱朕意他日復訊餘司斷者輒紛訴不服獨臨所訊無一言帝問故荅曰唐卿斷因不寃所以絶意帝歎曰為獄者固當若是乃自述其考曰形如死灰心若鐵石云

真卿感雨

顏真卿玄宗時再遷監察御史使河隴時五原有寃獄久不決天且旱真卿辯獄而雨郡人呼御史雨

次武各驅

周于仲文字次武為趙王屬安固有任杜兩家各失牛後有一牛兩家爭之州郡不能決益州長史韓伯儁曰于次武少年聰察可令決之仲文乃令兩家各驅牛羣到放所得牛遂入任氏羣又使人微傷之任氏嗟惋杜氏自若杜即伏罪

柳設榜牒

周柳慶有胡家被劫莫知賊所鄰人被囚者衆慶謂可以詐求之乃作匿名書多貼官門曰我等共劫胡家徒侶混雜終恐泄露今欲首伏恐不免誅若聽先首免罪便欲來告慶乃復出免罪之榜居二日廣陵王欣家奴面縛自告榜下因獲黨與甚衆

楊津獲絹

周楊津為岐州刺史有武功人齎絹三百匹去城十里

為賊所刼時有使者馳騎而至被刼人告人使者到州以狀白之津乃下教曰有人著某色衣乘某色馬在城東十里被殺若有家人可速來告有一老母行哭而至云是已子於是收捕并絹俱獲

齊賢易財

張文定公齊賢真宗時為相戚里有分財不均者更相訴訟又因入宫自理於上前更十餘斷不服齊賢曰是非臺使所能決也臣請自治之齊賢坐相府召訟者曰

汝非以彼分財多汝所分財少乎皆曰然即命各狀結實乃名兩吏趨徙其家令甲家入乙家乙家入甲家貲財皆按堵如故分書則交易之訟者乃止明日奏狀上大悦曰固知非卿莫能定者

蘇渙折取衣

蘇渙郎中知衡州時耒陽民為盜所殺而盜不獲尉執一人指為盜渙察而疑之問所從得曰弓手見血衣草中呼其儕視之得其人以獻渙曰弓手見血衣當自取

衣以為功尚何呼他人此必為姦訊之而服他日果得真盗

錢冶䏶足

錢冶屯田為潮州海陽令時郡之大姓某氏火迹其來自某家吏捕訊之某家號寃不服太守刁湛曰獄非錢令不可治問大姓得火所發䏶足驗之疑里仇家物因率吏入仇家取䏶足合之是仇家即服曰火自我出故遺其跡某家者欲自免也其家乃獲釋

薛向正尉

薛向樞密提點河北刑獄時深州武強縣有盜殺人而奪其財尉以失盜為負捕平人掠服之置贓於外以符其語向得而疑之親引問直其寃免死者六人正其尉故入之罪

王和甫校書

左丞王和甫尹京日市有匿名書誣告一富家有逆謀都城稍恐和甫不以為然不數日果有旨根治和甫搜

驗富家無迹因詢其怨耦荅數日前有黨狀人馬生嘗有所貸弗與頗積怨言和甫乃密以他事綰馬生至對款即取謗書字校之畧無少異因而訊鞫其事果馬生所作

王文正酒吏

東封車駕在道夜有堂吏被酒忿爭皆倉皇入白王文正公卧不答既入對上出臣僚奏狀千乘萬騎在外可斬首以令衆公曰此止小人一時醉毆若斬之是禁人

飲酒令飲酒皆懼車駕在外人情焉得安已捕歸京府繫治後府以此申覆公曰若輕斷亦恐縱人今需大赦可原之矣止減死一等

仲孫疑里胥

姚龍圖仲孫大中祥符八年進士及第為許州司理參軍時王嗣宗知州事民有被盜殺者其妻訴里胥嘗責賄於其夫不與而怨此必盜也乃捕繫獄將推以死而仲孫疑之嗣宗怒曰若保非盜也邪然亦不敢遽決後

數日果得真盜者嗣宗方喜曰審獄當如是也再調邛州軍事推官改資州轉運使檄往富順監按疑獄而全活者數十人

薛奎疑踐血

薛簡肅公奎為隰州軍事推官民嘗聚博僧舍者一日盜殺寺奴取財去而博者四人至啟户踐血汙衣遽驚走邏者因捕送州考訊引伏奎獨疑之使緩其獄後數日果得殺人者

清獻原情

趙清獻公抃景祐中為武安推官有偽造印者吏以為當死公獨曰造在赦前用在赦後赦前不用赦後不造法皆不死遂以疑讞之卒免死

程顥辯翁年

程顥察院知澤州晉城縣時有富民張氏子其父死未幾晨起有老父在門曰我汝父也來就汝居具陳其由張氏子驚疑莫測相與詣縣請辯之老父曰業醫遠出

治疾妻生子貧不能養以與張氏某年月日某人抱去某人見之顒謂曰歲久矣爾何說之詳也老父曰某歸而知之書于藥法册後因懷中取册以進其記曰某年月日某人抱兒與張三翁顒問張氏子爾年幾何曰三十六爾父在年幾何曰七十六謂老父曰是子之生其父年四十人已謂之三翁乎老父驚駭服罪

純仁戒情殺

范忠宣公純仁知慶州諸院罪人皆滿公詰其所以坐

屠販盜竊而督賞者三分之二公曰此何不責保在外使之輸納耶通判州事起白公曰非不知此第以此輩兇暴不可釋釋之不旋踵復紊官司矣公曰終當如何曰往往以其疾斃於獄中是亦與民除害耳公蹙然曰法不當死而在位者以情殺之豈理也哉遂盡呼出立于庭下戒飭之曰爾輩為惡不悛在位者不欲釋汝懼為良民害復紊官司也汝等自能悔過自新我欲釋汝皆叩頭曰敢不佩服教令遂釋之歡呼而出轉相告語

公之仁恩浹於一境之内矣是歲犯法者減舊歲之半

謝麟鞫親殺

謝安撫麟移虔州會昌令民有酒酣夜與仇鬬既而爲所親殺之其家因誣仇麟知死者無子所親利其財訊鞫輒服邑人皆稱神明

補疑獄集卷一

補疑獄集卷二

明 張景 撰

唐肅白污衣

唐肅侍制為秦州司理參軍時有商人夜宿逆旅而同宿者殺人亡去旦起視之血污其衣為吏所執不能辯明遂自誣服肅為白其寃而知州馬知節趣令具獄肅固持不可後數日得真殺人者就辟本州觀察推官

安禮神明

王安禮知開封邏者得匿告人不軌書上命治之驗所指畧同後刑三人有薛姓者安禮曰得之矣名薛曰若有讎乎曰有售筆者固拒之鞅鞅去廼即命捕訊果得所為梟其首人稱為神

趙知録禱天夢猿

昔者成都府羅江縣富室張氏死妻楊氏與女同居有僕雍一掌門户財賦楊氏母女嘗赴人招飲而歸則雍

一被殺死矣有司逮其母女婢僕十數人在官經年不決張憲行成到任疑楊氏母女淫濫人殺之以泯跡又疑雍一妬奸而人殺之也死者數人而其母女被拷掠亦無全膚矣女語母曰妾旦晚死矣當求直於神決不可誣服以喪名既而女果死時憲委趙知録推問趙疑其冤齋戒禱于天忽夢一猿當案而立即閲案卷恐有姓袁者吏曰常日送飯者姓袁遂待袁至引入詰問袁即承服蓋是袁殺雍一得銅錢兩篋以去遂放楊氏與

一干人而袁正罪焉

易衣匿婦箬籠

袁州萍鄉有高嶺嶺北張姓娶嶺南周氏女周氏歸寧張遣其弟候之至嶺中妻倦少坐弟先抱其孩歸久而妻不歸張與其弟同至坐處無有也復至周宅又無有同周復登嶺尋訪則妻死於叢林中且無首矣周扭其弟赴官疑弟欲淫之不從殺之以滅口弟遂誣服官勒都官索頭與刃都官解頭與刃將弟處死踰年張之鄰

人遇其妻於建康旅邸相視駭愕少焉同炊鄰告以故妻泣曰寃哉其時坐嶺上時有一髯客擔箸籠上山四顧無人拔刀脅取我衣服與鞋喚出籠中一婦人衣之斷其頭置籠中推其屍於林令我入籠中負擔以行凡半月餘日到此未幾髯客歸二鄰人紐之聞官即承準無詞申刑部取旨髯客處死以款司償其弟命州縣吏各黜籍邑宰郡司理檢覆官皆降罷二鄰人給原告捕兇身賞妻歸夫家先都官迫於官司盜開他人棺取婦

人頭申解亦處死

獻卿揣殺僧

俞刑部獻卿補壽州安豐縣尉有僧積施財甚厚其徒殺而瘗之已而告縣曰師出遊矣獻卿揣其有姦曰吾與師善不告而去何也其徒色動因執之得其所瘗屍一縣大驚

文恭夢呉姦

樞密呉文恭公通判宣州有被誣以殺人者獄成讞法

將抵死公疑之呼囚以訊囚憚箠楚不敢言公正衣冠坐堂上思之俄而假寐夢有人來告曰吳姓也公遽引囚辟左右復訊之囚曰旦將之田縣吏執以赴官不知其由也公取獄辭窮治乃被毆之婦與吳姓姦姦者殺其夫與婦誤執平人以告也公之精誠格物蓋如此

承議持平

紹興間鄭承議為蕭山丞有朱統制在縣牧馬侵西興鹽場草鹽司申請于其朝降榜許人格捕其卒打草如

故為鹽亭户殺傷四人統制謀曰若不得西興草削馬不可牧矣廼醵金囑案吏作鬬殺亭户八人皆抵死案成知縣僉訖次及承議曰黄榜許人格捕今若作鬬殺是本縣先自拒榜狀不得書我名衙吏惶恐謝罪易作拒捕結斷户亭八人止得杖放歸日拜天曰願鄭公子孫益昌後公二子領薦登第云

府尹捕姦僧

某州某士夫攜妻至臨安訪親舟至岸語妻曰待到某

家借轎我不能自來以我紫衫為驗時有僧亦泊舟窰聞其言即覔轎并紫衫來妻不復辯即行乃至郊外入寺中一少年引入曰官人在此妻意夫在也隨少年入深巷數曲至一小室酒肴畢集少年去巾乃僧也即强合之妻不從少年指牀上刀曰畏此不畏遂從之凡三宿引至土窖中階級凡七八曲方圓廣十數丈一面窗明透地窗外高坎坎外堆石石外堆土土外墻壍人迹不達上下前後木板裝闥牀帳凳桌日用飲食器具等

色色整齊羣婦人聚居凡三十三人皆美色也寺中僧行二十餘人童僕十數人至暮則亂行淫穢十數日則置宴僧行列坐階上羣婦列坐階下酌酒供食婦女自相偶語皆官家妻女有居此者十數年矣老者病者則又引出陸續有新至者每日羣僧出外見婦人有姿色者即百計圖之得者先引入私室或一二日或三五日方引至此至此則雜然矣一日引一女子至年十四五羣婦問之乃某太守女全家在京候差因觀燈於人叢

中與一婢失隊一士人引之行曰路從此歸乃引至寺去巾僧也在其私室十日方送至此亦不復知婢所在諸婦人聚居日夕切齒無脫身之計於中亦有二三健婦欲謀約會一夕各殺僧衆者而脆弱者多恐不濟而不果每日僧多出外輪遞一二僧居守窖中一夕止有一僧宿羣婦問故曰今日皆送喪過海明日方歸是夕三婦人謀遁伺僧寢啟闗尋路出窖外逾數牆得達大路離臨安五里内一婦臨安人知街巷乃問路歸家詣

府尹陳告尹大驚時宋孝宗内禪明日宣赦尹即部百卒捕殺僧衆焚其寺以羣婦名主承領府尹到寺時僧衆適盡歸窖中備辦飲宴亦不知三婦人遁去也湖州士夫妻遂亦得歸初其夫扛轎持紫衫來時沿岸者曰適有轎夫持紫衫擡去一婢亦隨去矣轎夫回報士人大驚遍索不得止於三日後得其婢云轎行如飛追逐不及到街市交雜處不知所在也當府尹至點集婦人姓名時某太守女問其婢時尚有僧數人未盡殺詰之

云凡老者病者皆引出殺之瘞於寺後此婢想亦殺而瘞之矣掘之凡三十餘骸所獲金帛亦不貲云

壽隆疑火死

朱少監壽隆知彭州九隴縣吏告一家七人以火死壽隆曰豈有一家無一人脫者此必有姦逾月獲果乃殺其人而縱火爾

王端識犢母

王通議端知襄邑縣有鬻犢於市者或執以為盜詰之

不服端取兩家犢識其母輒從之盜遂服

孫沔脱會飲

孫沔副樞為趙州司理參軍時盜發屬縣為捕者所迫乃棄其刀兵并所盜贓於民家後即其家得會飲者十六人適如其數捕繫縣獄掠使服罪法皆當死以具獄上沔疑其枉而留訊之州將怒然終不敢決未幾得真盜州將反喜謂沔曰微子吾得自脱耶

西山夢神訊殺僧

真西山帥潭州時有程二者開旅店有子年二十餘屢謀於所厚者欲殺其父時西山以精明稱所厚者恐累已赴官首之喚其父母問之亦云逮其子赴左院推勘遂即準伏索到鼠尾刀解官但問其故則卒無説喚問其鄰里亦云常挾利刃其謀叵測但其父子之間並無他故獄已成西山疑之改送府院推勘亦如前議西山終疑之展轉年餘西山一夕炷香告之天地神祇夢神告之曰此毋怪其然乃是二十年前事了旦起未遑他

務首喚程二屏去左右告之曰今日獄已成但爾心下別有何事程倉皇良久曰無事西山曰爾二十年前做什麽事來此事我已具悉爾其無隱程乃啞然曰然二十年前有為山行者在店安歇欲買度牒某貪其財物殺而有之所殺屍見瘞廚中西山委官籍其家產可千緡并掘其屍果在遂將程二送左院餘人並釋放入府禁審其子準伏與前詞無異復曰彼為爾親父爾何故欲殺之其子又無說西山曰你別做生計不見爾父如

何其子曰某不會做甚生計西山曰你若做甚生計我自與你一千貫錢去其子曰若得千貫錢我買本度牒爲山出家去西山遂將所籍家產千緡與之程二編管建昌軍時嘉定壬午年也

李兌按榜僕

李尚書兌知鄧州有富人榜僕至死係頸投井中而以自經爲解者兌曰投井故不自經自經豈復能投井必吏有受財者故使不承爾已案吏果然

張洽伏盜

張洽嘉定元年改袁州司理參軍有大囚訊之則服尋復變異且力能動揺官吏累年不決而逮繫者甚衆洽以白提點刑獄殺之有盜黠甚辭不能折會獄有兄弟爭財者洽諭之曰訟于官秖為胥吏之地且冒法以求勝孰與各守分以全手足之愛乎辭氣懇切訟者感悟盜聞之自伏

雨巖詰寇倅

建寧府建陽縣麻沙鎮呉提刑雨巖勢卿知處州時報添差通判王某來雨巖十數年前某處相識甚喜及見覺非是問舊事亦不知心稍疑駭一日會其家眷凡十八人内一人年老而憔悴不樂令夫人與之從容言王倅舊事婦人潸然詰之再三乃知正雨巖所識王某之妻蓋冦掠其舟取其妻就用其勑仕至本州添倅也雨巖付吏推勘得實申朝正其罪時寶祐年間也

協尉縛偽丞盜

宋理宗朝隆興府分寧縣有趙縣丞者魁偉豁達斷事明當憲司喜之常有委送宰嘗招同官及宅𡣕飲縣丞妻獨不飲且數垂淚宰妻恠問丞妻請間曰我夫昨任某主簿罷任在湖中被此寇一家老幼童僕俱死獨留妾以為妻就用夫主誥勅調此縣丞同行六人臂上各有三點號或為書院官或稱親戚晝則散處夜則同宿獨此寇能書判推以為首妾不甘其辱耳時新喻縣嚴仁勇作尉以能稱宰密與謀促前筵散坐移入後堂不

令諸廳人從入繳坐但見尉司人報提刑司有下上司

文字請縣尉親拆嚴即出點弓兵盡獲丞廳人從復就

坐博丞縛之送獄取問是實具奏正刑趙妻送歸父家

行德捕桑門

武節使行德遷河南尹西京留守時官禁鹽入城犯者

法至死募告者賞錢十萬洛陽縣民家嫗持菜入城中

賣有桑門從嫗買少估其直取菜反覆顧視不買而去

嫗既不售持入城門抱關者搜筥中得鹽擒以詣府行

德詰嫗嫗言桑門嘗買菜顧視良久而去即令捕桑門具伏與抱關吏相結以鹽誣嫗欲希其賞行德釋嫗治桑門及抱關吏數輩人皆畏之若神明都下清肅

蔡高驗浮屍

蔡高調福州長溪尉縣媪二子漁於海而亡媪某氏為仇告縣捕賊吏皆難之曰海有風波安知不水死乎雖果為仇所殺若不得屍則於法不可理高獨謂媪色有冤不可不為理也乃陰察之因得其迹與媪約曰十日

不得屍則為媪受捕賊之責凡宿海上七日潮浮二屍至驗之皆殺也乃捕仇家伏法高端明殿學士襄之弟也

尹洙詰冒產

尹龍圖洙知河南府伊陽縣民有女幼孤而冒賀氏產鄰人證其非是而籍之後鄰人死女訴復請所籍產久不能決洙問若年幾何曰三十二乃按咸平籍二年賀死而妻劉為户詰之曰后五年始生安得賀姓邪女遂

伏

補疑獄集卷二

欽定四庫全書

補疑獄集卷三

明 張景 撰

憲司准首義卜

湖北某市有一家止夫婦二人者婦美不愜其夫偶有卜者寄宿婦慕其俊雅遂殺其夫以情告願與偕往卜者怨其不義殺夫就取其刄併婦殺之而去及旦有常在其家工役者至見二屍相枕流血盈地恐累已即逃

須臾隣里人覺執工役者聞之官不復自明即誣服焉卜者去後日卜於市自若也閭工役者將正典刑自首其故憲司以卜者殺婦可償夫命而又自首義之與工役者俱釋焉時宋淳祐年間也

輯謀獲偽帥

瑞州趙司户往赴調一日忽失其妻趙不復索偽遭喪以歸後十年妻之弟至江陵忽見新帥之任有轎百餘乘其第十轎中乃其姊也相顧久之莫敢發聲次日復

候之復見其至輿中遺片紙于地曰明日可候于城隍
廟次日至廟姊乘間以片紙裹金二兩叱之亟去視之
云某帥盜也家五百口皆盜姬妾皆大夫之妻女也令
以金為投牒費時孟無菴珙為門制弟亟往告孟集官
僚議曰彼五百人皆盜未易制也緩之則逃急之則變
奈何皆莫敢對有司戶某年二十許甫登第之任亟曰
此事易與耳孟遽攜其手謂曰君有何策曰此有水軍
令扼其上下流使毋逃大宴及其妻妾宴之因擒其從

兵於教場伏兵殲之以帥付獄伏其辜矣孟大喜果獲焉推勘具得其情乃其官罷夔路倅盜殺之江中以其誥勅改調至帥也妻妾百餘人皆仕宦之妻女其黨五百人晝則服役夜則同其妻妾以居聞其事於朝正其罪趙之妻復歸于趙餘皆訪其親而歸之時淳祐年間也

損齋緝淫奔

宋淳祐間瑞州高安鄭氏女棄俗脩道自言遇僊號僊

姑預言某日當飛昇至期沐浴更衣忽不見止遺雙履於欄砌四方祈福者不絶縣聞之郡或請申省請廟額封號洪損齋起畏來宰高安疑之遣人物色乃與道士奔得於龍興新建之境籍為官妓道士就為樂將板行案卷以解衆惑

恕齋神政

宋理宗時贛州雩都縣黎子倫家被寇劫殺子倫素與其族黎千三兄弟交惡疑之遂訟之邑差縣尉成某體

究追解子倫賄尉捕黎千三千五千六及鄰里親戚十五人解官殺死十二人汚千六之妻焚其居極其拷掠誣伏無贓與證子倫買囑劉十四爲證私投兵器搜檢解官千三兄弟誣服馬未幾巡司獲到正冦丁官念二十六名子倫賄以黎爲首丁爲從結款解州審勘無異申提刑司時呉恕齋革爲憲疑之蓋尉司取到黎千三初款即無丁官念二同行之詞巡司取到丁官念二初款亦無黎千三名字各各審問黎稱寃而丁官伏罪遂

對移趙知録為贑縣東尉胡某為知録送一千人審覆具得丁念二劫殺之情咸服其章州縣吏並配廣南知録趙某雩都宰趙某縣尉成某並降罷辟東尉胡某正任知録黎子倫脊杖十五編管五百里以其家遭劫免行出穀三十五石與黎千三造屋時以為神政

捕寇得妓首

寶慶年間臨江蕭某赴臨安往來娼武賽賽家經年所有盡喪娼遂拒之蕭不能給其僕反為娼用蕭大困逼

遂歸家將家產盡賣復往臨安就蒸餅橋開典鋪不復
往娼家矣越二年嘗有人持布衫一領欲典錢五百者
蕭止典三百其人云上舍上舍在武賽賽家使了許多
錢不爭今日較這二百錢甚利害蕭曰我自使我錢干
你甚事遂以四百錢與之而去其人起身曰你帶行人
到在武賽賽家你如今慳吝可知不敢去了蕭感其言
追憶前事心不能平夜攜提籠扣武賽賽門其僕啟關
知是夕無客入見武賽賽叙契闊武方應聲蕭斷其頭

以去僕亦遂逃蕭置其頭器中滿浸以油置卧榻下時提一觀之曰武賽賽你如今却識我了明日莫知蹤跡兩廂吏議曰但有張四官人常往娼家乞覓不厭武賽亦拗性必其人殺之可尋張四官人觀其辭色縱不是且將去展限遂往瓦子裏得張解官付獄推勘張不勝拷掠乃誣服焉稱刀與武賽賽頭棄海中遂絞于市年餘有冦真土入蕭室蕭驚捕冦忽廵牌者至入蕭室集捕冦已逃矣廵牌者見床下器中乃武賽賽頭也明

日捕蕭鞠之具得其情遂伏其辜仍斬西廂吏以償張

命獄官亦定罪有差

樊舍首誤殺

建寧府樊上舍處太學時與左藏庫前文節級妻往來文罔知也嘗飲酒肆密聞鄰座有人相語云此間内藏庫前文節級妻可觀樊上舍往來其家三年矣每文節級五日一次上宿則上舍必宿其家文聽樊字未明泯其說及當直宿覓人替之至夜三更時歸家急拳門其

妻語上舍曰吾與爾往來三年無知者夫今歸無所逃遂就牀頭取鬼頭刀授之曰我與爾俱出我開門爾即殺之及開門天黑不辨人上舍者揮刀誤中其妻遂逃文呼報四鄰皆曰適不聞他人聲且刀從何來我等何由知之置文於獄遂誣伏焉明日赴市就刑見犯由上寫係文節級殺妻事上舍從街出語文節級云你妻是我殺了奈何更要你償命遂到官自首遂止編管本州時寶慶年間也

濂溪悟酷

周敦頤爲分寧主簿有獄久不決敦頤至一訊立辯邑人驚曰老吏不如也部使者薦之調南安軍司理參軍有囚法不當死轉運使王逵欲深治之逵酷悍吏也衆莫與爭敦頤獨與之辯不聽乃委手版歸將棄官去曰如此尚可仕乎殺人以媚人吾不爲也逵悟囚得免

鄰婦證僞姦

宋景定間福建張氏遺女里中不檢少年聞茶湯擔有

玻瓈盃先一夕飾爲婦人隨女伴入欲盜之被執極其拷掠有鄰婦每事女沐浴少年詢知女僻處有雙痣相聯赴官陳云元與女私前後騙取其物若干官追女出對皆無實狀少年指僻處雙痣爲證女愧無辭驗之果然擬罪將斷鄰婦赴官陳告少年遂伏辜焉

輿妓屈盜

安吉州富家娶婦有盜乘人冗雜時入婦室潛伏牀下伺夜行盜不期明燭達旦率三夕飢甚奔出羣摶執之

旦以聞官盜懇曰我實有罪但未有所盜遭捶極矣幸免聞官當有以報否則亦將有說富家不從盜至官曰我非盜也醫也婦有僻疾令我相隨常為用藥爾宰乃三山陳某詰問再三備言婦家事體及平昔甚詳蓋潛伏時所聞枕席密語也宰信之逮婦供證富家餽遺關節懇宰免追皆不從富室謀之老吏俾請于宰曰彼婦初歸使與盜辯不論勝負辱莫大焉彼盜潛入突出必不識婦若以他婦出對盜若執之可見其誣矣宰曰善

選一妓盛服輿至盜處呼婦乳名曰汝邀我治病乃執我為盜耶宰大笑盜遂伏辜

節齋集觀音認姦僧

其州士夫携妻候差於臨安嘗與妻聯輿而出至市井叢雜處偶停市買轉盼間不見妻輿矣士夫聞官執輿夫推問莫可究竟年餘忽有輿在所寓門外乃其妻也妻云初被人扛去時不知非元輿夫也約行數里至大門從長廊至暗屋下出輿當問官人何處輿夫不答又

行數步乃僧出招之心疑欲退而僧從後推之大呼僧拽之以入曰此間是要性命處轉巷數曲又於暗室中扃閉甚嚴畧無人聲雖聞鐘聲亦甚遠望久稍明僧携酒餚至當憂憤不能飲食僧强合焉每日僧兩次送飯暮則携酒就與同寢一日僧忘扃户行出暗巷中遥望甚遠有火光乃是長明燈祀觀音處遂禮拜願再見天日解手帕上金錢落索環繫觀音身用指甲掐觀音足上成川字文復回入室既而覺僧力疲意闌懇之求歸

僧曰到此本無出理但念汝本分又可商量一夕歡合達旦天微明引之出暗屋下登輿送至此也士夫經臨安府時趙節齋尹京時正亢旱祈禱無應明日行香集僧衆曰夜夢觀音感應凡遠近寺院但有觀音皆迎請至此若本寺觀音感應則申朝寺主加號賜紫行童並給度牒備榜遍排明日輻輳迎至果有身繫金錢落索環者足上川字文亦然遂集合院僧行以至令士夫妻於簾内識認正本寺主僧也送獄推問承服就戮

陳青釋濕履

江西臨江王三郎瞰江樓居其妻凭欄食果偶核投舟中少年之巾少年舉首意婦人挑之及暮行入其家闃無人聲隨復登舟覺濕其履置竈焙乾其夜王三郎歸見其妻殺死血流盈地旦集鄰里見血蹤直至舟中遂執少年赴官少年不復自明誣服焉但不見婦人履及刃獄吏指近江亭桿子似有物視之履與刃也欵成獄及陳青疑之請假早歸行江上王之鄰婦問前獄陳答

云已將舟中少年正刑矣嫗啞然曰寃哉正犯者其獄吏也陳青密以告司理喚獄吏推問具得其情少年遂得釋獄吏處死陳青由此退閑教子讀書請漕舉

日隆詰孩語

贛州信豐縣一木匠居嶺之下嶺之上則驛途每由其屋後而遵驛途出入嘗五更初携礲斲之器他適未及驛途五六丈許見一死屍視之遍體皆血也致之而去及午則里長鄰里驗視其致命處則斧痕也衆議以爲

此匠無疑捕其夫婦繫官不勝拷掠遂爭誣伏官疑之年餘不決時宋知録日隆蜀人也以能稱委之專決宋知其冤日日入獄推究皆如前言一日正鞫問時一孩送飯與獄卒而私語宋問之卒以他詞對宋屏去左右呼孩與十八界官會兩貫而詰之孩曰適一人在茶肆與我銅錢五十文令探所勘死事其夫婦何人承認宋即命二卒隨孩捕之以至問曰爾殺人奈何要他人償命其人即承認木匠夫婦遂得釋焉時咸淳年間也

緣琴理僧冤

咸淳年間袁州倅蕭某嘗到清水寺見木魚可供琴屢求僧不與未幾權守僧遂鋸為四自留其二以二遺蕭蕭斲為二琴自留其一以一遺時相葉西澗夢鼎葉有琴師云琴雖佳但有哀怨聲蕭遂採訪寺中有某僧身死不明其行童負其衣物以去者見在某州開鋪遂專兵移文捕之以至付吏鞫勘乃知殺僧而負其衣鉢也遂服其辜

時奚報應

吉州王某幹者殺人以銅錢三百千與一村老令代認曰爾認了不致償命但喫六七十下棒而已民以為然時奚司理政疑之曉以禍福村民遂以實告時奚見同因者一人項有刃痕疑為死者傷之故殺死者鞫之未伏王因言於奚以為然且力言於郡守同因者不勝苦遂準伏抵死罪焉奚以平反改秩旋死時咸淳年間也其後幹者認殺人遂伏法方言前所斷者枉也

補疑獄集卷三

補疑獄集卷四

明 張景 撰

彭節齋領刺二形

宋咸淳間浙人寓江西招一尼教其女刺繡女忽有娠父母究問曰尼也父母怪之曰尼與同寢常言夫婦咸恒事時偶動心尼曰妾有二形逢陽則女逢陰則男揣之則儼然男子也遂數與合父母聞官尼不服驗之無

狀至於憲司時翁丹山合作憲亦莫能明其官曰昔端平丙申年廣州尼董師秀有姿色偶有欲淫之者卒揣其陰男子也事聞於官驗之女也一坐婆曰令仰卧以鹽肉水漬其陰令犬舐之已而陰中果露男形如龜頭出殼轉申上司時彭節齋為經畧判云在天之道曰陰與陽在人之道曰男與女董師秀身帶二形不男不女是為妖物所歷諸州縣富室大家作過不可枚舉豈可復容於天地間額刺二形兩字決脊二十枷令十日押

下推鋒軍寨拘鎖月具存亡申之如其說驗之果然遂處死

高防辨幅尺

左丞高防在蔡州日部民王乂為賊所劫捕得其黨五人繫獄窮理贓仗已具録事參軍司徒達判官盧紘據案請加極典防疑其不實取贓閱之因名王乂問曰爾家所失衫袴是一端布邪乂曰然防令校其幅尺皆廣狹不同又疎密差異賊乃稱寃防曰何故伏罪賊曰不

任捶楚蓋自誣以求速死耳居數日獲其本賊紘達扣頭請罪防皆不奏得活者欲詣闕訟防之功訴紘達之罪防遽令止且為製衫帽具酒食諭而遣之出太祖朝名臣傳

惟濟辨左手

錢惟濟留後知絳州民有條桑者盜强奪之不能得乃自斫其右臂誣以殺人官司莫能辨惟濟引問面給以食而盜以左手舉匕筯因語之曰他人行刃則上重下輕今下重上輕正用左手傷右臂也誣者引服

侯臨還寄

朝請郎侯臨昔為東陽令有治聲忽他邑因分財私寄附於姻家輒為所匿累經訟而弗直乃求理於侯侯曰吾與汝異封法難以治止令具物之名件而去後半年縣獲强盜侯因縱盜妄通所寄物於姻家及捕至獄泣訴盜所通金帛皆親所寄侯即追向日求理之民證驗識認還之

丈規理誣盜

張文規字正夫筠州高安人以特奏名入官再調英州司理參軍貞陽縣有民張五者數輩盜牛里人胡達朱炎張運張周孫等保伍追捕之羣盜散走獨張五拒抗不去殺之而取其貲盜不得已以被劫告于縣縣令吳邈欲邀功盡取達炎以下十一人送獄劾以為强盜殺人鍛鍊備至皆自誣服炎運二人幾死既上府事下理院文規察囚辭色疑不實一問得其情又獲盜牛黨以證獄具胡達以手殺人抵罪餘人但等第杖臀而已炎

運乃無罪時元祐七年也

曹駮坐妻

沈存中内翰云壽州有人殺妻之父母兄弟數口州司以為不道縁坐妻子刑曹駮曰毆妻之父母即是義絶況於謀殺不當復坐其妻

謹按大明律云殺一家非死罪三人者凌遲處死妻子流二千里入十惡不道之條今觀所載壽州人殺妻之父母兄弟數口刑曹駮以義絶不當縁

坐其妻竊詳本犯身為不道殺妻父母兄弟與其妻實已義絶法難緣坐然律無明文所司遇此亦當比擬奏請

宗元守辜

待制馬宗元少時父麟毆人被繫守辜而傷者死將抵法宗元推所毆時在限外四刻因訴於郡得原父死鄭克云按辜限計日而日以百刻計之死在限外則不坐毆殺之罪而坐毆傷之罪雖止四刻亦在限外

謹按大明律云凡保辜者責令犯人醫治辜限内皆須因傷死者以鬭毆殺人論其在辜限外死者各從本毆傷法若折傷以上辜内醫治平復者各減二等辜限滿日不平復者各依律全科又按唐律云保辜限内死者依殺人論限外死者依本毆傷法又按元史刑法志云保辜限内死者依殺人論辜限外死者杖一百蓋元氏未嘗定律及聖朝未定律之先皆以唐律比擬故我朝律文多宗唐

律而此條亦本之也訥纍在南京會審刑部罪囚有毆人辜限外死者訥曰當依本毆傷法或曰律云辜限滿不平復者全科此當死訥曰所云限滿不平復全科者因上文折傷以上限内平復減二等立文蓋謂辜内雖平復而成殘廢篤疾及限滿不平復者則全科折傷之罪若曰辜限外死者全科死罪則律文何不云傷不平復而死者絞乃虚立此辜限乎後此囚會赦得免然或人終不以愚

言為然也近讀宋元守韋事有感因備載之讀者詳焉

張昇窺井

張丞相知潤州有婦人夫出不歸忽聞菜園井中有死人即往哭曰吾夫也以聞于官昇命吏集鄰里驗是其夫否皆言井深不可辯昇曰衆不可辯而婦人獨知為夫何邪送獄訊問乃姦夫殺之婦與其謀

歐陽左手

都官歐陽曄知端州有桂陽監民爭舟毆死獄久不決曄出囚飲食之皆還于獄獨留一人留者色動曄曰殺人者汝也囚不知所以然曄曰吾視食者皆以右手汝獨以左今死者傷在右肋此汝殺之明也囚乃伏罪

程琳焚竈

程宣徽知開封府時禁中失火當即根治諸縫人已誣服乃送府具獄琳辯其非是又命工圖火所經處且言後宮人多而居隘其焚竈近板壁久燥而焚此殆天災

不可罪人上為寬其獄無死者

强至油幕

强至祠部為開封府倉曹參軍時禁中露積油幕一夕火主守者皆應死至預聽讞疑火所起名幕工訊之工言製幕須雜他藥相因既久得濕則燔府為上聞仁宗悟曰頃者真宗山陵火起油衣中其事正爾主守者遂比輕典昔晉武庫火張華以為積油所致是也

程戩仇門

程戡宣徽知處州民有積爲仇者一日諸子私謂其母曰今母老且病恐不得更壽請以母死報仇乃殺其母置于仇人之門而訴之仇弗能自明戡疑之或謂無足疑戡曰殺人而自置于門非可疑邪乃親劾治具見本謀

營婦斷腕

呂公綽侍讀知開封府有營婦夫出外盜夜入舍斷其腕而去都人喧駭公謂非其夫之仇不宜快意如此遣

騎詰其夫果獲同營韓元者具姦狀伏誅

魏濤證死

魏朝奉濤知沂州永縣兩仇鬬而傷既決遣而傷者死濤求其故而未得死者子訴于監司監司怒有惡語濤歎曰官可奪囚不可殺後得實乃因是夕罷歸騎及門而墜死鄰證既明其誣遂解

王璩故紙

寺丞王璩嘗為襄州中廬令有賊久訊不得情偶於賊

囊中得故紙揭示之乃房陵商人道為賊所掠者賊即引伏

李公驗櫸

尚書李南公知長沙縣日有鬭者甲强乙弱各有青赤痕南公以指捏之曰乙真甲偽訊之果然蓋南方有櫸柳以葉塗肌則青赤如毆傷者剥其皮横置膚上以火熨之則如棒傷水洗不下但毆傷者血聚則硬偽者不硬耳

王臻辯葛

王諫議知福州時閩人欲報讐或先食野葛而後鬬即死其家遂誣告之臻問所傷果致命耶吏曰傷不甚也臻以為疑反訊告者乃得其實

穎知子盜

郎中歐陽穎知歙州富家有盜啟其藏捕久不獲穎曰勿捕獨名富家二子械赴獄劾之即伏吏民初疑不勝楚掠而自誣及取出所盜物乃信

孫料兄殺

孫長卿知和州民有許弟為人所殺察其言不情乃問汝户幾等曰上等汝家幾人曰惟一弟與妻子耳長卿曰殺弟者兄也豈將併其貲而有之乎訊之果伏

朱詰賕民

朱壽昌知閬州有大姓雍子良殺人乃買里民使出就吏獄具壽昌因得其情引囚訊之囚對如初乃告之曰吾聞子良遺汝錢十萬納汝女為子婦許嫁其女汝家

有之乎因色動又告之曰汝且死書僞券抑汝女爲婢指十萬爲顧直而嫁其女他人汝將奈何因泣下始以實告收子良付法

江分表裏

陵州仁壽縣有里胥洪氏利鄰人田紿之曰我爲收若税免若役鄰人喜剗其税歸之踰二十年且僞爲券以茶染紙類遠年者訟之於縣縣令江某郎中取紙卷展開視之曰若遠年紙裏當色白今表裏如一僞也訊之

果伏

章辯朱墨

侍御史章頻知彭州九隴縣時眉州大姓孫延世為偽契奪族人田久不能辯運使委頻驗治頻曰券墨浮朱上決先盜用印而後書之既引伏獄未上而其家人復訴于轉運更命知華陽縣黄夢松覆案亦無所異黄用是名為御史

南公塞鼻

尚書李南公為河北提刑時有班行犯罪下獄案之不服閉口不食者百餘日獄吏不敢拷訊南公曰吾能立使之食引出問曰吾以一物塞汝鼻汝能終不食乎其人懼即食蓋彼善服氣以物塞鼻則氣結不通是以自服

郎簡校券

侍郎郎簡知竇州有掾吏死子幼贅壻偽為券取其田後子長屢訴不得直因訴于朝下簡劾治簡以舊案示

之曰此爾婦翁書曰然又取僞券示之弗類壻乃伏罪

王珣辯印

少師王珣知昭州日有誣告僞為州印文書獄久不决吏以印文不類珣索景德舊牘視其印文則無少異誣者乃服蓋其文書乃景德時者

方偕主名

方偕大卿為御史臺推直官日澧州逃卒與富民有仇誣以歲殺人十二祭磨驝神獄久不决詔偕就鞫之偕

命告人疏所殺主名尋訪考驗尚多無恙其事遂白

蘇請祔柩

蘇寀爲大理寺詳斷官時有父卒而母嫁後聞母死已葬乃盜其柩而祔于父法當死寀獨曰子盜母柩納于父墓豈可與發塚取財者比上請得減死

賈廢追服

侍讀賈黯判流内銓時益州推官乘澤在蜀三年不知其父死及代還銓吏不爲入選始去發喪既除服具求

磨勘黜曰澤與父不通問者三年借非匿喪是豈爲孝

卒使坐廢田里

補疑獄集卷四

補疑獄集卷五

明 張景 撰

程簿舊錢

程顥察院初為京兆府鄠縣簿民有借兄之宅居者發地藏錢兄之子訴曰父所藏也令言無證佐何以決之顥曰此易辯耳問兄之子曰爾父所藏錢幾年矣曰二十年遣吏取一千視之謂曰今官所鑄不五六年徧天下此錢乃爾父未居前數十年所鑄何也其人遂

服出伊川所撰行狀○按二十年以下乃桂氏原本葢借宅者發兄所藏錢其子訴官取錢視之借宅者乃服今反誤作兄子冒認錢因考行狀正之于後其他更定不復再見四十年彼借宅居幾何時矣曰二十年矣即遣吏取錢十千視之謂借宅者曰今官所鑄錢不五六年間即徧天下此錢皆爾未借居前所鑄何也其人遂服

孫甫舂粟

待制孫甫為華州推官日州倉粟惡吏當追陪錢數百萬轉運使李紘以吏屬甫甫乃令取斗米舂之可棄者

十緡一二又試之亦然吏遂得弛繫所陪錢緡數十萬而已紘因薦甫遷職

劉相鄰證

丞相劉沆知衡州日有大姓尹氏欲買鄰人田莫能得鄰人老而子幼乃偽為券及鄰人死即逐其子訟二十年不得直沆至又訴尹氏出積歲戶鈔為證沆曰若田百頃戶鈔豈特收此乎始為券時嘗問鄰乎其人多在可取為證尹不能對遂伏罪

王罕扣狂嫗

大理王罕知潭州時有狂嫗數邀訴事言無倫理從騎屏逐之罕令引歸廳事扣揩徐問嫗雖言語雜亂然時有可采云乃是人之嫡妻無子其妾有子夫死為妾所逐累訴不直因恚而狂罕為直其事盡以家貲與之

虔傲鄧賢今古筠等府書肆有刊行公理雜詞民童時市而訟之

沈括筆談云江南人好訟有一書名鄧思賢者作僞詞狀法也始教以侮文侮文不可得則欺誣以取之欺誣

不可得則求其罪以劫之鄧思賢人名也始傳此術遂

名其書村校中往往受生徒韓琚通判虔州民有偽作

冤狀悲憤叫呼似若可信琚攝郡究其風俗考其枉直

莫之能欺民皆以為不冤琚魏公之兄終于轉運使

　按虔州今之贛州府也括熙寧中任知制誥去今

四百年矣世道日漓刁民偽為冤狀以陷人者在

在有焉貧弱有冤無處訴告者亦無地無焉受人

財為人揑造冤苦詞情若鄧思賢者亦有之焉易

訟卦彖曰利見大人言訟者求辯曲直利見剛明中正之大人以決其所訟也康誥曰如保赤子言赤子未能言爲父母者心誠求之則能得其心之所欲矣今之任民牧者民呼爲父母居顯要者人呼爲大人其可不思盡其心稱其名以上無負聖天子之委任下無負斯民之仰望用悟後人流傳永世且使愚夫增智聽訟而不敢因循酷吏斂威而皆思平允乎

崔碣霽潦

崔碣為河南尹邑有大賈王可久轉貨江湖間值龐勛亂盡亡其貲不得歸妻詣卜者楊乾夫咨存亡乾夫悅其色且利其富既占陽驚曰乃夫殆不還矣陰以百金謝媒者誘聘之妻乃嫁乾夫遂為富人及徐州平可久困甚丐衣食歸閭里往見妻乾夫大怒詬逐之妻詣吏自言乾夫厚納賄可久反得罪再訴復坐誣可久恨歎失明碣至可久陳冤碣得其情即勅吏掩乾夫并前獄

吏悉發賕姦殺之以妻還可久時淫潦獄決而霽

陳襄捫鐘

陳襄調浦城主簿攝令事民有失物者賊曹捕偷兒至襄語曰某廟鐘能辯盜犯者捫之輒有聲餘則否乃遣吏先引以行自率同列詣鐘所祭禱陰塗以墨而以帷蔽之命羣盜往捫少焉呼出獨一人手無所污扣之乃為盜蓋畏鐘有聲故不敢觸遂服

劉敞察冤

劉敞知揚州天長縣鞫王甲殺人既具獄敞見而察其寃甲畏吏不敢自直敞以委戶曹杜誘誘不能平反而傳致益牢將論囚敞曰寃也親按問之甲知敞爲已直乃敢告蓋殺人者富人陳氏也相傳以爲神明

呂陶服罪

呂陶調銅梁令民龎氏姊妹三人冒隱幼弟田弟壯訴官不得直貧至傭奴於人及是又愬陶一問三人服罪弟泣拜願以田半作佛事以報陶曉之曰三姊皆汝同

氣汝方幼時適為汝主之爾不然亦為他人所欺與其捐半供佛曷若遺姊復為兄弟顧不美乎弟又拜聽命

李兄誣婦姦

汪澤民同知岳州事州民李氏以貲雄其弟死妻誓不他適兄利其財嗾族人誣婦以姦事獄成而澤民至察知其枉為直之

鐵工姓名

汪澤民為平江府推官有僧淨廣與他僧有憾久絶往

來一日邀廣飲廣弟子急欲得師財且苦其棰楚潛往他僧所殺之明日訴官他僧不勝拷掠乃誣服三經審録詞無異結案待決澤民取行兇刀視之刀上有鐵工姓名工問之乃其弟子刀也一訊吐實即械之而出他僧人驚以為神

提舉辯明

宋提舉楊某為越録事叅軍其守治盜嚴凡保内捕賊不獲則被盜物責保長償之有一人家被盜持杖追擊

仆地執送保長保長苦之乃即械繫解官聞盜死郡因治保長制死獄具後公閱狀云左肋下致命一痕長寸二分中有白路必背後追擊是其死非因保長制縛也獄吏爭案巳成公不聽即追詰元捕賊者果得其情索至杖首有裂証益明乃引法止坐保長杖罪免死後公二子登進士雖曰有命然其心可尚也

陳睦酷報

宋陳睦嘗提點兩浙刑獄會杭民有妾沉香者澣衣井

旁嫡子墮井死妻訟于州以為必沉香擠之三易獄不合睦怒逐掾殺沉香東坡詩殺人無驗終不快此恨終身恐難了蓋有激云睦還京久之無所授禱神廟無應后恍聞人云如沉香何睦震汗廢食累日而卒

刃傷釋福兒

鄧文原僉浙西廉訪司事吳興民夜歸巡邏者執之繫亭下其人遁去有追及之者刺其脅仆地明旦家人得之以歸比死其兄問殺汝者何人曰白帽青衣長身者

也其兄愬於官有司問直初更者曰張福兒執之使服馬械繫三年文原録之曰福兒身不滿六尺未見其長也刃傷右脇而福兒素用右手傷宜在左何右傷也鞫之果得真殺人者遂釋福兒

焚廬殺夫

桐廬人戴汝惟家被盜有司得盜獄成送郡夜有焚戴氏廬者而不知汝惟所之鄧文原曰此必有故也乃得其妻葉氏與其弟謀殺汝惟肰而於水涯樹下得屍與

漬血斧俱在焉人以為神

謝蘭誣殺

鄧文原移江東道徽州民謝蘭家僮汪姓者死蘭姪回賂汪族人誣蘭殺之蘭誣服文原録之得其情釋蘭而坐回時久旱獄決乃雨

漁殺盜網魚

貢師泰為紹興路推官山陰白洋港有大船飄近岸史甲二十人適取鹵海濵見其無主因取其篙櫓而船中

有二死人有徐一者恠其無物而有死人以為吏等所劫首官史既誣服師泰密詢之則里中沈丁載物抵杭而回漁者張網海中因盜網中魚為漁者所殺寃皆白

徐裕奪貲殺商

浙西有游徼徐裕以巡鹽為名肆掠村落間一日遇諸曁商奪其所賫錢撲殺之投屍於水走告縣曰我獲私鹽犯人畏罪赴水死矣官驗視以有傷疑之遂以疑獄釋貢師泰追詢覆按之具得裕所以殺人狀

姚甲偽鈔

餘姚孫國賓獲姚甲造偽鈔受賕而釋之執高乙魯丙赴有司誣以同造偽鈔高嘗為姚行用實非自造而魯與孫有隙故并連之責師泰疑高等覆造不合以孫詰之辭屈而情見即釋魯而加高以本罪姚遂處死孫亦就法

邊其揭捕文

開封層子胡氏婦行素不潔夫及舅姑日加笞罵一日

出沒不歸胡訴之官適安業坊中有婦人屍在眢井中者官司名胡認之曰吾婦一足無少指此屍足指全非吾婦也婦父母素怨胡氏又索辯而乃抱屍而哭曰此吾女也久失愛舅姑是必撻死置井中以逃罪耳時暑不三二日屍已潰畧一驗有司權瘞城外下胡氏獄拷驗鍛鍊百至胡遂自誣服事上刑部國朝之法歲遣使審覆諸路刑獄是歲刑部郎中邊其來開封視成案即知冤濫謂宣慰使安文玉曰是婦不死安執不肯改乃

令人徧閱城門所揭諸人捕亡文字中有賈胡逃婢一人中所索辮及他物色與屍狀同迷其所寓正習井處也賈胡已他適矣於是使人監故瘞屍者令掘起元屍將詢其所主與隣僉曰然瘞者出曹門涉河東岸指一新塚曰此是也發之乃一男子屍執前說曰埋時盛夏河水方漲此輩病涉棄屍水中矣是男子以青䌫總髮必江淮新虜無疑訊之果然安心知其寃以未得逃婦不肯釋胡氏會開封故吏徐沿州一僕於迓妓中得胡

氏婦問之乃出汲而淫奔于人轉售娼家其事乃白余三任佐幙所至必先申明從初不應受理之令政為此耳

補疑獄集卷五

補疑獄集卷六

明　張景　撰

德甫聲寃

元白余三為行臺御史臺掾時至元戊寅夏與監察御史李德甫慮江淮行省因流入張傑等聲寃其說云傑亡宋時池州軍之馬醫也一日夜分寢巳騎卒錢勝者叩門泣謂傑曰吾暮夜誤殺吾所飼馬明日將以暴死

聞有司驗實必以屬君君幸脱我當有厚報時重馬政殺一馬如殺人罪傑素謹畏具以實聞勝抵罪爾後或相值于道輒出怨言謂必報傑不殺傑不已明年池州降勝自稱宋故官得管軍把總乃大得志加害於傑者屢矣然非其部曲弗能也無何勝兼捕盜職傑以散卒調斫木於池之西山一日勝跨馬擁衆捕傑及同役二十四人械以巨木笹而問曰疇昔之夜劫估舟於江岸者汝也當速承也不承死矣又謂同役者曰張傑我仇

讐也於若輩無預第指渠為賊即殛若等毋自苦為也衆曰我輩與張傑同役跬步未嘗相違即作賊我輩皆賊也實未有此言未竟曰挺西落二人死焉明日解州州將劉素信錢勝獄吏張友仁亦勝之故舊惟勝之言是理所訴一切不聽搒掠燒爇身無完膚遂皆誣服所索之贓物信口妄指即得不知其由數日後張友仁者持文字數紙謂傑等曰朝廷沛恩到州汝等獄未具恕不得預押即得出傑等不知為所紿尋即著字已而曰

詔減死流遠汝等强盜當流即械送行省某等數號訴於省吏謂錢勝指傑等為盜之夜實在山中祠神巫祝某及州之走卒某同飲抵明乞一會問雖死且無憾事竟不行欲見宰相面訴之爾不可得今繫獄一年矣餘二十二人死已過半嗚呼寃哉予與李君視其案與此言合乃上書于臺臺言曰惜哉

王旻解卜

西川費孝先善術數世皆知名有客人王旻因售貨至

成都求爲卦孝先曰教住莫住教洗莫洗一石穀擣得三斗米遇明即活遇暗即死再三戒之令誦此數言足矣旻受乃行塗中遇大雨憩一屋下路人盈塞乃思曰教住莫住得非此邪遂冒雨行未幾屋顛覆獨得免焉旻之妻已私謁鄰比欲講終身之好俟夫歸將致毒謀旻既至妻約其私人曰今夕但先沐者乃夫也日欲晡果呼旻洗浴重易巾櫛旻思曰教洗莫洗得非此也堅不從婦怒不肯自沐夜半反被害旻驚駭罔測遂獨囚

繫官府拷訊獄就不能自明郡守録狀牘旻悲泣言曰死則死矣但孝先所言畧無驗左右以是語上達翌日郡守命未得行法呼旻問曰汝鄰比何人也曰康七道遣人捕之殺汝妻者必此人也已而果然因謂僚佐曰一石穀擣得三斗米非康七乎旻既辯云誠遇明即活之效歟

光祖詰蛙

馬光祖知處州禁民捕蛙一村民犯禁乃將冬瓜切作

蓋刳空其腹實蛙於中黎明持入城爲門卒所捕械至于庭公心怪之問曰汝何時捕此蛙答曰夜半曰有知者否曰唯妻公輒疑其妻與人通姦進妻詰之妻曰與人通其人俾妾教夫如此又先往語之曰以故捕得意欲陷其夫於法而據其妻也公窮究其罪遂寘妻并姦夫於法

趙廉訪檄城隍

廣州某大家交結上位而蔑視邑官嘗私繫一逋債者

死焉其家經官取屍時邑尹王某有私忿逮至拷楚勒令招承輙復異詞大家雖竭力營救而王尹亦百端究竟累經省憲審覆展轉數年不得明白元貞乙未廉訪趙副使到首及此事聞本州城隍及判官靈異移文兩紙及紙錢至廟焚化喚廟祝責限三日報應三日無報應則廟祝決二十七下判官決三十七下越一日大家於囹圄中呼曰其人將到矣可疏我明日逋債者詣廉訪衙呼曰我某人也雙手如縛抱頭不致問其來故曰

釋我縛容言之趙副使曰請城隍釋其縛其人遂下手悉言逃故在三百里外某處昨日被人繫其手於首驅之至此遂釋大家而問罪王尹焉

劉令假鬼

至元初北方有劉縣令未理任先以賣藥為名門行到邑採訪時邑有冦殺一商官莫能明劉訪冦姓名及商葬其所皆悉署事三日後同官方圜坐佯為見鬼狀呼曰爾告何事同官及吏卒皆駭劉空中如與鬼語良久

呼吏筆之牒尉追捕及到即皆准伏申解上司咸伏其辜遠近以為神

胡向免被脅

胡向少卿為袁州司理參軍時有盜七人皆當死向疑其有寃乃留訊之則二人者果不同謀始受其傭而中道被脅以行卒得免死

良肱驗刃傷

余良肱大卿初為荆南司理參軍有捕得殺人者既自

服良肱獨以驗屍與所用刃疑之曰豈有所用刃盈尺而傷不及寸白請詳捕果獲真殺人者

海牙釋孝

元布魯海牙太宗時拜燕南諸路廉訪使未幾授斷事官使職如故有民誤毆人死吏論以重法其子號泣請代死布魯海牙戒吏使擒于市懼則殺之既而不懼乃曰誤殺人死情有可宥子而能孝義無可誅遂併釋之使出銀以資葬埋且呼死者家諭之其人悅從

德輝察寃

李德輝世祖時爲右工部尚書嘗録囚山西河東懐仁民有魏氏發得木偶持告其妻挾左道爲厭勝謀不利於已移數獄詞皆具德輝察其寃知其有愛妾疑妾所爲將搆陷其妻也召妾鞫之不移時而服遂杖其夫而論妾以死

田滋得藁

田滋爲浙西廉訪使有縣尹張彧者被誣以贓獄成滋

審之但俛首泣而不語滋以為疑明日齋沐詣城隍祠禱曰張彧坐事有冤狀願神相滋明其誣守廟道士進曰曩有王成等五人同持誓狀到祠焚禱火未盡而去之燼中得其遺藁今藏于壁間豈其人耶視之果然明日詣憲司詰成等不服因出所得火中誓狀示之皆驚愕伏罪張彧得釋

捕急濫寃丐

宣歙間有强盜夜殺一行旅棄屍道上擕其首去將曉

一人繼至而踐其血亟奔避之尋被追捕繫獄半年不決有司欲得首結案乃嚴督里胥遍行搜索會一丐者病卧窰中即斬以應命囚亦久厭拷掠遂伏誅後半年强盗始敗于儀真獄成驗所斬首乃瘞于歙縣界彼里胥之濫殺與平民之枉死皆緣有司急於得首以結案也然則追責贓證可不審謹乎

游顯杖蒲

江淮省游平章顯公檄至明州開分省為政清明有城

中銀店失一蒲團後於鄰家認得鄰不服爭告不置平章行馬至問其故二人以告平章曰一蒲團直幾乎失兩家之好杖蒲團令棄之可也及杖之銀星滿地遂罪其鄰

嗥犬起屍

成化間有一富商寓在京齊化門一寺中寺僧見其挾有重貲因乞施焉商領之而未發也僧自度其寺荒寂乃約衆徒先殺其二僕屍壓其上實之以土全利其所

有越二日有貴官因遊賞過其寺寺犬嘷鳴不已使人迹之去而復來官疑之命人隨犬所至犬至坎所伏地悲嘷官使人發視之屍見矣起屍而下有呻吟之聲乃商人復甦也以湯灌之少頃能言遂聞於朝盡捕其僧而寘于法是歲例該度僧因是而止嗚呼僧不犬若也

姚守別食鷄

京口王一之為福言姑蘇一人出商在外其妻家畜鷄數隻以待其歸凡數年而返一日殺而食之殆盡抵夜

死矣鄰家疑其有外姦首之官婦人不任拷掠遂自誣服太守姚公堂上任閲其事而疑之乃以情問婦人以食雞對守亟覓老雞數十令當死囚徧食之果殺二人獄遂白

易貴杖石買紙

易貴成化間守辰州府有窶人擔紙息肩路旁倦而寐熟失盜訴於貴即使人擡失紙處一石到府堦下杖焉擁入觀者如市閉門量罰入者以資窶人復詰曰汝紙

有識乎曰有遂俾潛往在外數日出公牘泛買諸賈人紙彼送至令各書名于上乃名寠人認之果得原紙盜紙人伏罪

彭祥還貲

郭彭祥弘治間守眉州問刑明決鄰封合州有兄弟二人兄宦别省其貲每託弟携歸置產契券俱弟收掌兄卒于官嫂扶櫬歸弟絶無所與又無籍可稽嫂訴之州訊不服迺越境訟於郭郭即隱告者取獄中賊指扳其

弟姓名同盜移文本州械至詰曰汝與某人爲盜致富其弟泣曰吾兄仕宦所得未嘗盜也因詰之詞甚詳一一録記乃逮其嫂語之弟遂款服還貲産

梅妻瘡死

有王梅者好酒其妻不潔圖去梅以快所私梅與族叔鍇素讐相絶歲鄉人社會梅家醉散入夜梅忽死于碎甕間鍇乍聞惻隱往視亟還妻懼鍇或訐發謀所私者誣鍇挾讐乘梅醉跌未死往視之有司逮致訊鞫凡刑

加梅妻輒毁加鉗乃無毁焉疑其妻寃益拷鉗不勝遂誣服尋上官讞改鉗戍邊遇雷雨必焚香籲天後梅妻頸生惡瘡三呻吟苦楚以死所私者亦别奸重典葢妻故碎甕擠梅于上刃其頸三擬詭稱醉跌觸甕死適鉗往視以其讐誣之則易信且滅所忌也刑具則所私賂吏卒夾棍等鐵異新故索異麻草堅韌朽脆相懸絶用惑有司云夫情偽微曖其變千狀姦惡不足異也明慎可少忽邪若夫天人之際亦嚴矣

疑獄牽聯

祭酒宋本記工獄有曰京師小木局木工數百人置長分領之一工與其長不睦不往來者半歲衆工謂口語非大嫌醵酒肉强工造長家和解之暮醉散去工婦素淫與所私者謀戕良人以其醉於讐而返也殺之倉卒藏屍無所室有土塌中空乃啟塌磚割屍為四五始容焉復磚如故明日婦往長家哭曰吾夫昨不歸必而殺之訟諸警巡院院以長仇也逮至搒掠不勝毒自誣服

婦發喪成服名比丘修佛事哭盡哀院詰屍處曰棄壕中責仵作二人索之壕弗得刑部御史京尹交促具獄期十日得屍不得期七日又不得期五日期三日四被笞終不得二人嘆惋循壕相語笞無已時因謀别殺人應命暮坐水傍一翁騎驢渡橋擠墮水中縱驢去旬餘度翁爛不可識舉以聞院名婦審視婦撫而大號曰是矣取夫招寃壕上脱笄珥具棺葬之獄遂成案未上報騎驢翁之族物色翁不得一人負驢皮道中宛然其家

畜奪而披視皮血未燥執愬於邑亦以鞠訊憯酷自誣劫翁驢翁拒而殺之屍藏其地求之不見輒更曰某地辭數更卒不見負皮者瘐音雨飢寒死也死獄中歲餘前長奏下縛狴音岸狴犴皮獸名獄也犴音衆工隨而譟雖皆憤其冤而不能為之明工長竟斬衆工愈哀嘆不置徧訪其事無所得乃聚交鈔百錠置衢路有得其工死狀者酬以是初婦每修佛事則丐者至並也至求供飯一故偷兒常從丐往乞一日偷兒將盜他人家尚蚤既熟婦門户乃暗中

依其垣屋以待迫鐘時忽醉者踉蹌入酗而怒其婦詈之拳之且蹴之婦不敢出聲醉者睡婦微誶息醉切罵也燭下曰緣而殺吾夫體骸異處土塌下二歲餘矣塌既不可大又不敢填治吾夫尚不知腐盡否今乃虐我嘆息飲泣偷兒立牖外悉聽之明發入局中號於衆吾已得某工死狀速付我錢因俾衆工遥隨往偷兒佯被酒入婦舍挑之婦大罵鄰居皆不平將毆之偷兒遽去土塌扳與攀同磚作欲擊鬭狀則屍見矣衆工突入反接婦送

官婦吐實醉者則所私也官復審壕中死人何從來件作欵伏擠騎驢翁墮水件作婦泊所私者磔於市先斷工長死官吏皆廢終身官以庾死者事若發則官吏又有得罪者數人遂寢負皮者寃此延祐初事也校官文謙甫以語宋子宋子曰工之死當坐婦與所私者二人耳乃牽聯殺四五人此事變之殷也解仇而伏酘刀逃笞而得刃件作殺而工婦磔負皮道中而死桎梏赴盜而獲購此又轇轕而不可知者也悲夫

補疑獄集卷六

總校官候補中允臣王燕緒
校對官編修臣馮昌敏
謄錄監生臣李馥香

圖書在版編目（CIP）數據

疑獄集 / (五代) 和凝, (五代) 和㠓撰. — 北京 : 中國書店, 2018.8
ISBN 978-7-5149-2062-8

Ⅰ. ①疑… Ⅱ. ①和… ②和… Ⅲ. ①法制史 - 中國 - 五代(907-960) Ⅳ. ①D929.43

中國版本圖書館CIP數據核字(2018)第080078號

四庫全書·法家類

疑獄集

作者　五代·和凝　和㠓撰
出版發行　中國書店
地址　北京市西城區琉璃廠東街一一五號
郵編　一〇〇〇五〇
印刷　山東汶上新華印刷有限公司
開本　730毫米×1130毫米　1/16
印張　15.5
版次　二〇一八年八月第一版第一次印刷
書號　ISBN 978-7-5149-2062-8
定價　五八　元